rowohlts monographien

HERAUSGEGEBEN

VON

KURT KUSENBERG

ARTHUR SCHOPENHAUER

IN
SELBSTZEUGNISSEN
UND
BILDDOKUMENTEN

DARGESTELLT
VON
WALTER ABENDROTH

ROWOHLT

Dieser Band wurde eigens für «rowohlts monographien» geschrieben
Den Anhang besorgte der Autor
Herausgeber: Kurt Kusenberg
Redaktion: Beate Möhring
Umschlagentwurf: Werner Rebhuhn
Vorderseite: Arthur Schopenhauer. Daguerreotypie um 1854
(Historisches Bildarchiv Lolo Handke)
Rückseite: Arthur Schopenhauer. Karikatur von Wilhelm Busch
(Historisches Bildarchiv Lolo Handke)

1.–15. Tausend August 1967
16.–20. Tausend Juni 1969
21.–24. Tausend Juli 1971

Veröffentlicht im Rowohlt Taschenbuch Verlag GmbH,
Reinbek bei Hamburg, August 1967

Gesetzt aus der Linotype-Aldus-Buchschrift
und der Palatino (D. Stempel AG)
Gesamtherstellung Clausen & Bosse, Leck/Schleswig
Printed in Germany
ISBN 3 499 50133 3

INHALT

VORBEMERKUNG 7

EINLEITUNG 8

KINDHEIT UND JUGEND 10

STUDIUM UND REIFE 20

DIE DRESDENER ERNTE 33

DAS GROSSE WERK 36

DIE WELT ALS WILLE UND VORSTELLUNG 43

ERSTE ITALIENREISE 60

PHILOSOPHIEDOZENT IN BERLIN 65

NOCHMALS ITALIEN – MÜNCHEN UND DRESDEN 70

DER «VERHASSTE AUFENTHALT» 74

DER FRANKFURTER WELTWEISE 77

ÜBER DEN WILLEN IN DER NATUR 81

DIE BEIDEN GRUNDPROBLEME DER ETHIK 87

PARERGA UND PARALIPOMENA 101

ERSTE ANHÄNGER, VEREHRER UND VORKÄMPFER 105

DAS EINSAME LEBEN 116

LEBENSAUSKLANG UND TESTAMENT 122

KRITISCHER ÜBER- UND AUSBLICK 128

ZEITTAFEL 137

ZEUGNISSE 141

BIBLIOGRAPHIE 145

NAMENREGISTER 149

QUELLENNACHWEIS DER ABBILDUNGEN 151

Arthur Schopenhauer. Gemälde von Julius Hamel, 1865

VORBEMERKUNG

Das Leben eines Philosophen läßt sich nicht beschreiben ohne Darlegung seines hauptsächlichen Inhalts: seiner Philosophie. Wer es aber unternimmt, den Aussagegehalt und die Gedankenwege einer Philosophie in «kurzgefaßter Darlegung» dem Verständnis einer breiteren Leserschaft zu vermitteln, ist verpflichtet, zugleich darauf hinzuweisen, daß er damit nichts anderes bezwecken wollen kann, als den Lesern Lust zu machen auf die eigene Beschäftigung mit der Quelle, die eigene Auseinandersetzung mit dem Original. In ganz besonderem Maße gilt das, wo es sich um Arthur Schopenhauer handelt, der die bloße Orientierung aus zweiter Hand zum mindesten eines Gebildeten grundsätzlich unwürdig fand. Doch wird auch der Autor vorliegender Monographie den Sinn seiner Arbeit nur dann als erfüllt betrachten, wenn es ihm gelungen sein sollte, dem Werke des großen Denkers neue Mitdenker zuzuführen.

W. A.

EINLEITUNG

Wenn wir auch so ziemlich zu allen Zeiten die Gorgiasse und Hippiasse oben auf sehen, das Absurde in der Regel kulminiert und es unmöglich scheint, daß durch den Chorus der Bethörer und Bethörten die Stimme des Einzelnen je durchdränge; – so bleibt dennoch jederzeit den ächten Werken eine ganz eigenthümliche, stille, langsame, mächtige Wirkung, und wie durch ein Wunder sieht man sie endlich aus dem Getümmel sich erheben, gleich einem Aerostaten, der aus dem dicken Dunstkreise dieses Erdenraums in reinere Regionen emporschwebt, wo er, ein Mal angekommen, stehen bleibt, und Keiner mehr ihn herabzuziehen vermag.

Geschrieben in Frankfurt a. M. im Februar 1844.

So steht es zu lesen am Schluß der *Vorrede zur zweiten Auflage* des Hauptwerkes von Arthur Schopenhauer *Die Welt als Wille und Vorstellung*. Man ersieht daraus, wie sehr der große Philosoph sich darüber im klaren war, daß seiner Lebensleistung niemals der geräuschvolle Beifall der sogenannten «öffentlichen Meinung» zuteil werden würde, daß ihr dafür jedoch, nachdem sie sich dem Bewußtsein denkwilliger Köpfe eingeprägt haben werde, die Anerkennung verwandter Geister jederzeit sicher sein werde. Zutiefst durchdrungen von der Überzeugung, daß dies das natürliche Schicksal jeden Werkes von wahrem Werte, ja, das Los der Wahrheit überhaupt sei, hatte er – im Zusammenhange ergänzender Betrachtungen zur Farbenlehre – jedem, *welcher sich der Kraft bewußt sein wird, in Kunst oder Wissenschaft etwas Eigenthümliches, Neues, Außerordentliches hervorzubringen,* geraten, nicht angesichts der *Sinnesart, die nun einmal dem Menschengeschlecht im allgemeinen eigen ist,* zu resignieren, sondern sein Werk zu vollenden und es hinzugeben, *aber wissend wem, und gefaßt.* Es wäre nun aber eine Plattheit gewesen, hätte der selbstbewußte Denker sich mit seinem geistigen Aristokratismus nur von der Menge der Durchschnittsmenschen distanzieren wollen, die ohnehin nicht philosophieren und möglichst schon der bloßen Nachdenklichkeit aus dem Wege gehen. Vielmehr wollte er eine entschiedene Trennungslinie gezogen wissen zwischen sich und denen, die eben vor der «öffentlichen Meinung» die Philosophie vertreten und als deren privilegierte, gleichsam amtliche Repräsentanten gelten. *Daß in kurzem die Würmer meinen Leib zernagen werden, ist ein Gedanke, den ich ertragen kann, – aber die Philosophieprofessoren meine Philosophie! – dabei schaudert's mich.* «Professorenphilosophie» – das war für Schopenhauer der Inbegriff geistiger Unfreiheit und darum denkerischer Unberufenheit, beruhend auf einem Leben nicht f ü r die Philosophie, sondern v o n der Philosophie. Ihm galt als Voraussetzung rücksichtslosen Denkens, redlichen Urteilens und Meinens die absolute Unabhängigkeit des Philosophen von jeglicher ihn begrenzenden oder verpflichtenden Bindung. So waren staatlich besoldete Philosophen in seinen Augen von vorneherein

Spaßphilosophen. Sie erschienen ihm aber als solche noch aus einem anderen, tieferen Grunde: weil ihre Tätigkeit weit mehr in der Auseinandersetzung mit der Gedankenwelt vorhergegangener Philosophen bestand als in der geistigen Durchdringung der jeweils gegebenen Weltwirklichkeit, und weil sie jene überkommene Gedankenwelt interpretierten, variierten, möglicherweise auch korrumpierten: während er selbst von der unmittelbaren Lebenserfahrung ausging, vom Leben selbst zum Philosophieren veranlaßt und zu der ihm eigentümlichen Gedankenbildung, zu der entscheidenden Richtungnahme seiner Welterkenntnis geführt wurde. *Das Leben ist eine mißliche Sache* – das war Schopenhauers Grundeinsicht, aus welcher er die Folgerung zog: *ich habe mir vorgenommen, das meinige damit hinzubringen, über dasselbe nachzudenken.* Und man kann die Gewichtigkeit dieses Unterschiedes zwischen ihm und dem Gros der akkreditierten Philosophiedozenten nicht einleuchtender erklären als wiederum mit seinen eigenen Worten: *Die Gelehrten sind die, welche in den Büchern gelesen haben; die Denker, die Genies, die Welterleuchter und Förderer des Menschengeschlechts sind aber die, welche unmittelbar im Buche der Welt gelesen haben.* – Woraus nun freilich nicht geschlossen werden darf, Schopenhauer habe die Sache jenes goetheschen «Narren auf eigne Hand» vertreten, der von niemandem gelernt und die Jahrtausende philosophischen Bemühens vor ihm übergangen, die denkerischen Anstrengungen der eigenen Zeitgenossen völlig ignoriert hätte. Dementgegen hat kaum ein anderer «Selbstdenker» die wesentlichen Aussageinhalte der gesamten Geschichte der Philosophie so beherrscht und überhaupt über ein solches Maß positiver Kenntnisse in Wissenschaft und Literatur verfügt wie er.

Es wird niemanden verwundern, daß die Geringschätzung, die Schopenhauer der Schul- und Universitätsphilosophie entgegenbrachte, auf der anderen Seite ein entsprechendes Echo fand. Doch auch dieses war nicht allein von psychologischen Impulsen ausgelöst. Vielmehr liegt es tatsächlich im Wesen des modernen akademischen Gelehrsamkeitsbegriffs, daß seine Hüter den Belehrungswert alles von Ihresgleichen Vorgedachten viel höher anschlagen als den der unbefangenen eigenen Anschauung und des unvorbelasteten Selbstdenkens, entzündet an der vorurteilslosen Betrachtung der Wirklichkeit. So begreift es sich leicht, warum von jeher und bis heute der Name Arthur Schopenhauer im allgemeinen Sprachgebrauch der philosophischen Fachwissenschaft keineswegs besonderen Glanz hat und in unzähligen philosophischen Abhandlungen, die von Zitaten strotzen, nicht einmal vorkommt. Am wenigsten darf erstaunlich erscheinen, daß er unserer Gegenwart kaum noch geläufig ist. Denn einmal steht alles zuverlässig amtlich Beglaubigte heute so überragend hoch im Kurse wie zu keiner früheren Zeit, und ist es unwahrscheinlicher denn je, daß etwas schon zu seiner Zeit scheel Angesehenes vielleicht aus neuer, ungewohnter Sicht nachträglich rehabilitiert werde; zum anderen ist das philosophische Interesse vieler Gebildeten von einst mitsamt der Bildung als wesentlichem Faktor humanistischer Persönlichkeitspflege überhaupt inzwischen einem stetigen Schrumpfungsprozeß zum Opfer gefallen; und schließlich genügt das pessimistische Resümee der Schopenhauerschen Weltansicht, um sie dem heutigen Normalbewußtsein gänzlich ungenießbar zu machen, da der unbedenklichste, sorgloseste und selbstsicherste Optimismus die alleingültige Lebenseinstellung des Zeitalters ist, in dessen bald totaler Technisierung die materialistisch-mechanistische Weltanschauung ihre letzten Trümpfe ausspielt. Was soll auch eine Menschheit, die sich aller moralischen Hemmungen entledigt hat und sich schon in lächerlicher Hyperbolik als gottähnliche «Sternenfahrer» fühlt, mit einer Weisheit anfangen, die nichts Besseres zu ihrer Rechtfertigung vorzubringen hat als etwa: *Sie schreien über das Melancholische und Trostlose meiner Philosophie; das liegt aber bloß darin, daß ich statt als Aequivalent ihrer Sünden eine künftige Hölle zu fabeln, gezeigt habe, daß wo die Sünde ist, in der Welt, auch schon etwas Höllenartiges sei.*

Es kann gar nicht anders sein, als daß eine Verkündigung dieser Art zu jeder Zeit nur einer Minderheit von ähnlich illusionsloser Geistesverfassung und ähnlich anspruchsvoller Sittlichkeit willkommen sein wird. Allein diese Minderheit wird sich auch immer finden und bewundernd zu dem *Aerostaten* aufschauen, der in einsamer, eisiger Höhe seine Bahn zieht.

KINDHEIT UND JUGEND

Wenn Schopenhauer, wie sein erster Monograph Wilhelm Gwinner berichtet, nicht wollte, «daß die äußeren Züge seines Lebens zu seinem Gedächtnisse ins Einzelne hinein verfolgt würden», wenn er also keine eigentliche Biographie über sich geschrieben zu sehen wünschte, weil «das Alles fremder Stoff» sei, «aus dem höchstens der Rock gemacht gewesen sei, den er eine Weile getragen und dann gegen einen anderen abgelegt habe», während er in Wirklichkeit der sei, «welcher die Welt als Wille und Vorstellung geschrieben und vom großen Problem des Daseins eine Lösung gegeben, welche vielleicht die bisherigen antiquieren, jedenfalls aber die Denker der kommenden Jahrhunderte beschäftigen werde», so verkannte er denn doch wohl die tiefen psychologischen Zusammenhänge zwischen seinen ganz persönlichen Lebenserfahrungen von Jugend auf und der früh ausgeprägten Konzentration seines Denkens auf den Charakter aller physischen Existenz als einer in toto *mißlichen Sache.* Deshalb muß es dem, der den Wurzeln der Schopenhauerschen Philosophie im Erdreich des Lebendig-Menschlichen nachzuspüren versucht, erlaubt sein, sich über jene Aversion hinwegzusetzen, da gerade bei einem Denker, der seine Einsichten bewußt aus der Beobachtung der lebendigen Wirklichkeit schöpfte, die Wirkung der eigenen Erlebnisse

Der Großvater mütterlicherseits: Christian Heinrich Trosiener. Miniatur in Aquarellmalerei. Auf der Rückseite, von Schopenhauers Hand: «Avus meus maternus. A. S.»

Die Großmutter (?) mütterlicherseits: Elisabeth Trosiener, geb. Lehmann. Miniatur in Aquarellmalerei

und Eindrücke auf die Regungen seines Willens und dessen Rückwirkungen wieder auf die Richtung der Gedanken unmöglich ohne entscheidende Bedeutung gewesen sein können. Demgemäß umriß Gwinner die Aufgabe des Schopenhauer-Biographen mit den bewegenden Sätzen: «Wie der Knabe in dies Leben hineinsah, mit dem erstaunten Blick auf das durch Hunger und Geschlechtslust erhaltene Getriebe dieser Welt; wie der Jüngling ihr scheu entgegentrat, seine eigene innere Welt verbergend; wie der Mann ihr fremd und feindlich gegenüber stand – a vulgo longeque remotus, solutus omni foenore; wie der Greis endlich sie tief unter sich erblickte und sein feuriges klares Auge in stolzer Resignation erkaltete – dies müßte man darstellen können, die trübselige Einsamkeit, die grenzenlose Öde seines Daseins, die unsägliche Menschenverachtung, die Härte des Stolzes, mit dem er sein Herz, wie mit einem Panzer umgab, der es selbst zu verhärten drohte, ethisch verständlich zu machen und dem Charakter des Mannes vor der Welt den Platz zu wahren, der ihm gebührt.»

Es kann kein Zufall gewesen sein, daß eine so geartete Natur einer Ehe entsprungen ist, die nicht aus Neigung und obendrein zwischen zwei dem Alter wie dem Wesen nach einander fernstehenden, nur durch eine gewisse konventionelle Achtung auf Gegenseitigkeit verbundenen Personen geschlossen worden war. Der Vater, Heinrich Floris (geboren 1747), entstammte einer Familie, die bereits seit mehreren Generationen aus den Kräften, Fähigkeiten und Tugenden kaufmännischer Veranlagung zu immer größerem Wohlstand aufrückte. Schon Urgroßvater Johann, um 1700 als angesehener Danziger Bürger bestätigt, war ein begüterter Großkaufmann gewesen. Der 1720 geborene Großvater Andreas hatte die Danzigerin holländischer Abstammung Anna Renate Soermann geheiratet, von welcher der krankhafte Einschlag in die familiären Erbanlagen gekommen zu sein scheint, der sich sowohl bei ihr selbst wie bei den drei jüngeren Brüdern von Heinrich Floris verheerend auswirkte und gelinder auch in gewissen Zügen des Jähzorns oder der Verdüsterung bei Heinrich Floris in Erscheinung trat. Die hervorstechendsten Eigenschaften dieses Mannes aber waren: sein überaus starkes republikanisches Freiheitsgefühl, unbestechliche Redlichkeit und furchtlose Offenheit. Als 1793 Danzig preußisch wurde, zog er es, getreu dem Wahlspruch «Point de bonheur sans liberté», vor, unter Aufopferung eines Zehntels seines ganzen Vermögens, nach der freien Hansestadt Hamburg überzusiedeln. Seine fast zwanzig Jahre jüngere Frau Johanna Henriette Trosiener (geboren 1766) hatte in der Ehe wohl vor allem ein durch Reichtum garantiertes Leben nach ihren Wünschen gesucht, die eingegeben waren von geistiger Beweglichkeit, lebhafter Phantasie, heiterem Temperament, Abwechslungsbedürfnis und Vergnügungssucht. Auch sie war die Tochter eines Danziger Kaufmanns und Ratsherrn. Talentvoll und bildungshungrig, fand sie an der Seite des welterfahrenen Gatten reichliche Gelegenheit, ihrem angeborenen Wandertrieb zu folgen. Der nicht weniger reiselustige Heinrich Floris machte sich denn auch mit Johanna nach England auf, damit sein erwarteter Erstgeborener als Inhaber des britischen Eingeborenenrechts zur Welt komme. Doch wegen der Unpäßlichkeit der werdenden Mutter mußte das Ehepaar vorzeitig heimkehren. So wurde der Sohn am 22. Februar 1788 zu Danzig in dem Hause Heiligengeistgasse 114 geboren und am 3. März auf den Namen Arthur getauft, den der Vater für den künftigen Handelsmann gewählt hatte, weil er in allen gebräuchlichen Sprachen der gleiche bleibt.

Seine ersten Kindheitsjahre verbrachte Arthur Schopenhauer teils auf dem Landgut, das der Vater schon vor der Heirat in Oliva erworben hatte, teils in Stutthof, dem Sitz des Großvaters Andreas. Bald nach seinem fünften Geburtstag erfolgte der Umzug nach Hamburg, wo der Vater, welchem Danzig durch die Einverleibung der Freien Stadt in den preußischen Staat verleidet war, ein neues Handelshaus gründete. Bei dem sechsjährigen Knaben aber zeigten sich bereits jene Anwandlungen von unbestimmter Angst, Furcht vor bestimmten Gefahren und argwöhnischen Angstvorstellungen, unter denen er sein Leben lang zu leiden haben sollte. Die ganzen nun folgenden Jahre standen indessen im Zeichen der väterlichen Absicht,

Das Geburtshaus (×) in Danzig, Heiligengeistgasse 114

aus ihm einen weltoffenen, gewandten, kosmopolitisch orientierten Nachfolger werden zu lassen, der gelernt habe, «im Buche der Welt zu lesen». Daher wurde er in demselben Jahre 1797, in dem seine Schwester Adelaide Lavinia geboren wurde, nach Le Havre verpflanzt. Die dort in der Familie des Kaufmanns Grégoire de Blésimaire verlebten zwei Jahre hafteten noch in der Erinnerung des Philosophen als der *weitaus froheste Teil* seiner Kindheit. Den Vater aber erfreute es, den Sohn nach Ablauf dieser Zeit als nahezu vollkommenen Franzosen in Sprache und Lebensart wiederzusehen. Er gab ihn in das angesehenste hamburgische Institut zur Heranbildung tüchtiger Kaufleute: die Rungesche Privatschule. Doch alsbald erwies

Der Landsitz der Familie Schopenhauer in Oliva bei Danzig. Zeitgenössische Lithographie

sich, daß seine Begabung weit über alles hinausging, was dort zu erlernen war. Allein Arthurs Bitte, ihn auf ein Gymnasium zu schikken, stieß auf kein Verständnis. Da es ihm aber mit dem Verlangen nach einem brotlosen Gelehrtenberuf ernst zu sein schien, stellte der Vater ihn schließlich vor die Wahl zwischen dem Gymnasialstudium und einer mehrjährigen Auslandsreise mit den Eltern. Der Preis für die Reise sollte allerdings das Versprechen sein, bei der Kaufmannslaufbahn zu bleiben. Daß der Sohn sich trotzdem dafür entschied, ist schwer zu verstehen. Vielleicht aber wirkte dabei schon ein gewisser Instinkt mit im Sinne jener späteren Einsicht, die er im Rückblick auf diese Wanderjahre durch Holland, England, Frankreich, die Schweiz, Österreich, Sachsen, Schlesien und Preußen folgendermaßen formulierte: *Es leuchtet ein, daß mir durch diese lang andauernde Reise zwei Jugendjahre, welche sonst zur Erlernung der klassischen Lehrbücher und Sprachen verwendet zu werden pflegen, in dieser Hinsicht gänzlich nutzlos verstrichen, und dennoch zweifle ich heute noch, ob nicht eine Frucht jener Reise mir zugut gekommen ist, die jenen verlorenen Vorteil vollständig ausgleicht, ja überwiegt! Denn gerade in den Jahren der erwachenden Mannbarkeit, in welchen die menschliche Seele sowohl Eindrücken jeder Art am meisten offen steht, als nach der Aufnahme und Erkenntniß der Dinge am stärksten verlangt und neugierig ist, wurde mein Geist, nicht, wie gewöhnlich geschieht, mit leeren Worten und Berichten von Dingen, von denen er noch keine richtige und sachgemäße Kenntniß haben konnte, angefüllt und auf diese Weise die ursprüngliche Schärfe des*

Verstandes abgestumpft und ermüdet; sondern statt dessen durch die Anschauung der Dinge genährt und wahrhaft unterrichtet und lernte daher, was und wie die Dinge seien, früher als er die über ihre Beschaffenheit und Veränderung fortgepflanzten Meinungen in sich aufgenommen hatte. Alles in allem freue ich mich also darüber, daß ich auf diesem Wege frühzeitig daran gewöhnt wurde, mich durchaus nicht bei bloßen Worten zu beruhigen, sondern vielmehr die Anschauung, den Eindruck und die unmittelbare Erkenntniß der Dinge weit höher zu schätzen als tönende Worte. Auf diese Weise blieb ich für alle Zukunft davor bewahrt, jemals an bloßen Worten statt an den Dingen selbst mein Genüge zu finden, daher ich durchaus keinen Grund habe, jene Reisezeit zu bedauern.

Der Vater: Heinrich Floris Schopenhauer (1747–1805). Miniatur in Aquarellmalerei. Auf der Rückseite, von Schopenhauers Hand: «Pater meus, circa Quadragesimum annum. A. S.»

Den augenblicklichen Niederschlag *des Eindrucks und der unmittelbaren Erkenntniß der Dinge,* wie sie der junge Reisende aus der Anschauung empfing, finden wir indessen in den Tagebüchern, denen er seine frühreifen kritischen Bemerkungen und pessimistischen Betrachtungen über allerlei nationale Torheiten oder allgemeine menschliche Schwächen und Gebrechen anvertraute. Da haben wir, was die Blickeinstellung zur Weltwirklichkeit betrifft, bereits in nuce den ganzen Schopenhauer vor uns. Er spricht auch schon deutlich genug aus brieflichen Klagen des zeitweise in der Lancasterschen Pension zu Wimbledon untergebrachten Eleven englischer Sprache und Sitte über die landesübliche Bigotterie, welcher er wünschte, daß «doch die Wahrheit mit ihrer Fackel die ägyptische Finsternis in England durchbrennte». Was ihn jedoch nicht hinderte, sich in das britische Wesen mit erstaunlicher Leichtigkeit einzuleben. Aus den anderen Ländern brachte er ebenfalls teils niederdrückende, teils erhebende Erfahrungen mit, die seinem Denken und Empfinden dauernd einverwoben blieben.

Nach der Rückkehr – kurz zuvor hatte die Mutter Arthur in Danzig noch konfirmieren lassen – begann, zu Anfang des Jahres 1805, die Kaufmannslehre in der Firma des Senators Jenisch. Aber der

Das Wohnhaus der Familie Schopenhauer in Hamburg, Neuer Wandrahm 92. Zeichnung von Theobald Riefesell, 1886, vor dem Abbruch

Siebzehnjährige vermochte seiner Natur nicht soviel Zwang anzutun, um auch nur dem äußeren Anschein nach der lästigen Pflicht zu genügen. Weit mehr als die Obliegenheiten eines Handlungsdieners interessierten ihn Bücher oder Vorlesungen wie etwa die des Phrenologen Gall über seine epochemachende Schädellehre. Doch sollte diese Leidenszeit noch einen besonders schmerzlichen Akzent erhalten. Am 20. April verunglückte der Vater tödlich, indem er aus einer Speicherluke in das Fleet stürzte. Möglicherweise war es ein freiwilliger Tod, da Heinrich Floris in zunehmendem Maße der Hypochondrie verfallen war, geschäftliche Schwierigkeiten in übertriebener

Eagle House, Wimbledon

Größe gesehen, zudem an wachsender Ertaubung gelitten hatte und wohl auch sonst nicht eben sehr glücklich gewesen war, wie man dem Zeugnis des Sohnes entnehmen muß, auch wenn man seiner einseitigen Aussage Einflüsse von Sympathie und Antipathie unterstellen möchte: *Da mein guter Vater siech und elend an seinen Krankenstuhl gebannt war, wäre er verlassen gewesen, hätte nicht ein alter Diener sogenannte Liebespflicht an ihm erfüllt. Meine Frau Mutter gab Gesellschaften, während er in Einsamkeit verging, und amüsierte sich, während er bittere Qualen litt. Das ist Weiberliebe.* In diesem herben Urteil wird zum weiteren ein tiefwirkender Erlebnisgrund für das Weltbild Schopenhauerscher Lebensweisheit sichtbar. Er läßt auch die Entschiedenheit verständlich werden, mit welcher nachmals der Philosoph seine These vertrat, daß der Mensch vom Vater den Willen (Charakter), von der Mutter den Intellekt (die geistig-talentaren Anlagen) erbe. Doch hatte die Voreingenommenheit für den Vater schließlich ein insofern auch wieder überpersönliches Motiv, als der Sohn gerade mittels besagter Charakterverwandtschaft schon früh verstand, was er für sein Leben, seine Entwicklung und seine Zukunft der bedachtsamen Vorsorge des soliden Familienhauptes verdankte. Zeitlebens hat er dem Manne, der es ihm, wie er später ausdrücklich bezeugte, ermöglicht hatte, «die Kräfte, die ihm die Natur gab, auszubilden und zu dem verwenden zu können, wozu sie bestimmt waren», und der ihm mit der materiellen Erbschaft die Unabhängigkeit schenkte, die innigste Dankbarkeit und herzlichste Ver-

Johanna und Adele Schopenhauer. Gemälde von Karoline Bardua

ehrung gezollt. Ihren beredsamsten Ausdruck fand sie in der lapidaren Feststellung, *daß, wenn Heinrich Floris Schopenhauer nicht der Mann gewesen wäre, der er war, Arthur Schopenhauer hundertmal zugrunde gegangen wäre.*

Immerhin verbot es seine Gewissenhaftigkeit dem Sohne, den unerwarteten Tod des Vaters als Stichwort für eine sofortige Änderung seiner Lebenslage zu nehmen. Er blieb vorerst in der verhaßten Handelslehre, auch als Mutter und Schwester, nach Auflösung des väterlichen Geschäfts, Hamburg für immer verließen. Allein zurückgeblieben, durchlebte Arthur jetzt eine Epoche qualvoller innerer

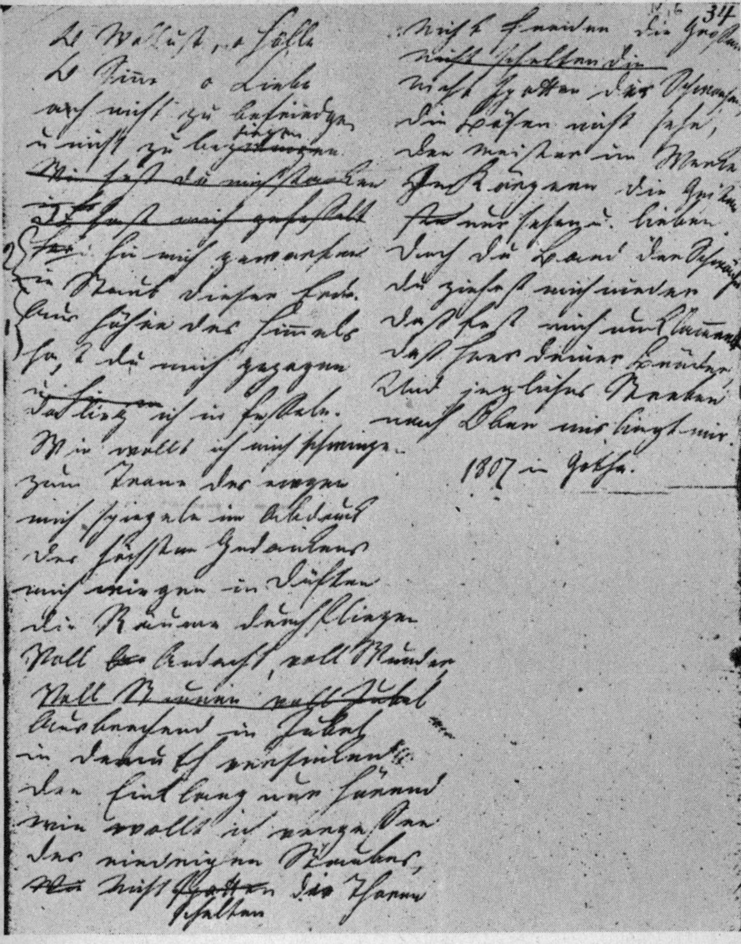

«O Wollust, o Hölle!» Gotha 1807

Zerrissenheit, zu welcher obendrein die heftigsten Attacken ungewöhnlich stark entwickelter Sinnlichkeit beitrugen. Wie sehr sie ihm zu schaffen machte, bekundet ein Gedicht aus diesen Jahren mit pathetischer Eindringlichkeit. Andererseits war die Zeit auch für Arthurs innere Entwicklung nicht verloren. So nahm, neben dem schon längst vertrauten «Wandsbecker Boten» Matthias Claudius, der zu jung verstorbene Wilhelm Heinrich Wackenroder mit seinen «zwei wunderbaren Sprachen» – der Natur und der Kunst – die Gedanken des Jünglings in Anspruch und bildete in seinem Geiste deutliche Vorformen seiner künftigen Anschauungsweisen aus.

Unterdessen hatte sich Johanna Schopenhauer mit ihrer Tochter Adele in Weimar niedergelassen und dort, dank ihren gesellschaftlichen Talenten und lebhaften schöngeistigen Interessen, sogleich Eingang in die tonangebenden Kreise der Musenstadt gefunden. Allerdings erregte sie bei gewissen Vertretern des «idealistischen» Pharisäertums auch sehr bald Anstoß, da sie den Boykott durchbrach, der von jenen über Christiane Vulpius verhängt worden war, obwohl Goethe diese, zum Dank für ihr tapferes Verhalten während der kriegerischen Abenteuer im Gefolge der Schlacht von Jena, gerade zu seiner legitimen Gattin erhoben hatte. «Wenn Goethe ihr seinen Namen gibt, können wir ihr wohl eine Tasse Tee geben» – so lautete Johannas ebenso überlegene wie einleuchtende Entscheidung. Begreiflich, daß sie fortan ein immer gern gesehener Gast im Hause des Dichters war. Nicht minder begreiflich, daß die mütterlichen Berichte über das rege geistige Leben, dem sie sich in Weimar schrankenlos hingeben konnte, bei dem Sohne den ohnehin kaum noch bezähmbaren Drang nach Entfaltung seiner eigenen intellektuellen Gaben auf die Spitze trieben. Sein dringender Appell an das Verständnis der Mutter für seine geistige Not führte auch wirklich die ersehnte Wendung herbei, vor allem nach dem teilnahmsvollen Eingreifen Karl Ludwig Fernows, ihres neuen Freundes und Beraters. So fühlte sich Arthur endlich ermutigt, dem Kaufmannscomptoir den Rücken zu kehren und sich den Wissenschaften zuzuwenden. Da kam es denn zunächst darauf an, die gymnasialen Vorbedingungen für das Universitätsstudium nachzuholen. Da Johanna Schopenhauer indessen den ungeselligen und menschenfeindlichen Sohn nicht gern in ihrer Nähe sehen wollte, ging er, ihrem Winke gemäß, nach Gotha, um auf dem dortigen Gymnasium vornehmlich die alten Sprachen zu erlernen. Das war im Juni 1807. Arthur Schopenhauer stand in seinem zwanzigsten Lebensjahr.

STUDIUM UND REIFE

Gotha sollte nur eine kurze Episode bleiben. Der Schüler des «Gymnasium illustre», in dessen Selekta er aufgenommen worden war und von dessen Direktor Friedrich Wilhelm Doering er Privatstunden erhielt, verscherzte sich die Gunst seiner ersten Wegbereiter in das Land der Gelehrsamkeit durch ein Spottgedicht, zu welchem er sich durch einen der Professoren herausgefordert fühlte. Schon im Dezember mußte Arthur sich nach einer anderen Lehrstätte umsehen. Er ging nach Weimar – sehr zum Mißbehagen seiner Mutter, die sich beeilte, vorbeugend ihren Bereich gegen den des Sohnes abzugrenzen: «Ich habe Dir immer gesagt, es wäre sehr schwer, mit Dir zu leben, und je näher ich Dich betrachte, desto mehr scheint diese Schwierigkeit, für mich wenigstens, zuzunehmen. Ich verhehle es Dir nicht: solange Du bist wie Du bist, würde ich jedes Opfer eher bringen, als mich dazu entschließen. Ich verkenne Dein Gutes nicht, auch liegt das, was mich von Dir zurückscheucht, nicht in Deinem Gemüt, nicht in Deinem innern, aber in Deinem äußern Wesen, Deinen Ansichten, Deinen Urteilen, Deinen Gewohnheiten – kurz, ich kann mit Dir in nichts, was die Außenwelt angeht, übereinstimmen ... Du bist nur auf Tage bei mir zum Besuch gewesen, und jedesmal gab es heftige Szenen um nichts und wieder nichts, und jedesmal atmete ich erst frei, wenn Du weg warst, weil Deine Gegenwart, Deine Klagen über unvermeidliche Dinge, Deine finstern Gesichter, Deine bizarren Urteile, die wie Orakelsprüche von Dir ausgesprochen werden, ohne daß man etwas dagegen einwenden dürfte, mich drückte ... Höre also, auf welchem Fuß ich mit Dir sein will. Du bist in Deinem Logis zu Hause; in meinem bist Du ein Gast ... an meinen Gesellschaftstagen kannst Du abends bei mir essen, wenn Du Dich dabei des leidigen Disputierens, das mich auch verdrießlich macht, wie auch alles Lamentierens über die dumme Welt und das menschliche Elend enthalten willst, weil mir das immer eine schlechte Nacht und üble Träume macht und ich gern gut schlafe ...»

Karl Ludwig Fernow. Zeichnung von Gerhard von Kügelgen

Was dieser mütterliche Brief erschreckend zeigt, ist: die profunde Ahnungslosigkeit Johanna Schopenhauers hinsichtlich der eigentlichen Quelle aller jener Wesenszüge ihres Sohnes, die ihr so auf die Nerven fielen. Sie verspürte nichts von der Kraft des Leidens am Leiden der Welt, das seiner vermeintlichen «schlechten Laune», von der Empörung über die Gleichgültigkeit der Normalmenschen angesichts dieses Leidens, die seiner Distanzierung von eben diesen Normalmenschen zugrunde lag. Sie vernahm aus dem Klang seiner Kritik und seines Spottes nichts von der leidenschaftlichen Empfindung, die schon den Jüngling in Lyon verletzt sein ließ durch die Fühllosigkeit, mit der die Leute an den Schreckensorten der Revolution vorübergingen, oder die ihm in Toulon beim Anblick der Galeerensklaven Qualen des Mitleides bereitet hatte. Aber in dieser Intensität des Mitleides lag der Urkeim seines «Nachdenkens über das Leben», seines ganzen Philosophierens; lag auch, als im Gefühlsgrunde seines Erkenntniswillens und seiner heranreifenden Gedankenbildung, seine bald entdeckte tiefe Verwandtschaft mit der Weisheit der Heiligen

Johanna Schopenhauer (1766–1838). Pastellbildnis von Karoline Bardua, 1806

Bücher Indiens, der Upanischaden, insbesondere des «Oupnek'hat», jenes persischen Kompendiums der Vedântaphilosophie, das durch die Übersetzung des Franzosen Anquetil du Perron um die Jahrhundertwende in lateinischem Text zugänglich geworden war und von dem Schopenhauer später sagte, seine Lektüre sei «der Trost seines Lebens gewesen und werde der seines Sterbens sein». Die Mutter aber empfand nur das Lästige der Gegenwart eines solchen Menschen, dessen «leidiges Disputieren» sie gewiß vor den illustren Gästen ihrer Empfänge, zu denen neben Goethe und Wieland Männer wie Johann Daniel Falk, Heinrich Meyer, Fernow und jetzt auch der furiose Zacharias Werner zählten, besonders geniert haben mag. Jenen romantisch-entzündlichen, im Doppelsinn «blendenden» Schicksalsdramatiker liebte übrigens Schopenhauer sehr, schon ehe er ihn nunmehr persönlich kennenlernte und sich seines Umgangs erfreuen durfte. Werners «Weihe der Kraft» stellte er sogar den Werken Ludwig Tiecks gleich, die ihm in diesen Jahren besonders viel bedeuteten. Noch nach mehreren Jahrzehnten erinnerte er sich, wie *hochbeglückt* er sich damals im Verkehr mit dem Dichter gefunden habe, dessen Andenken ihm *noch immer werth* sei. Eine erstaunlich dauerhafte Sympathie für den erzromantischen Feuerkopf und nachmaligen Priester, von dessen Wiener Predigten während der Kongreßzeit Egon Friedell behauptet, daß sie «auch nur eine Art Theater waren».

Zacharias Werner. Zeichnung von Ferdinand Schnorr von Carolsfeld

Am Weimarer Gymnasium nun kam Schopenhauer mit seinen Studien, vor allem unter der Anleitung des Philologen Franz Passow, so schnell voran, daß er bereits im Jahre 1809 reif für die Universität war. An der Hand seiner Lehrmeister, insonderheit auch des Gymnasialdirektors Christian Ludwig Lenz, der mit ihm lateinische Rhetorik trieb, hatte er sich die klare Begriffswelt des klassischen Altertums gründlich und für alle Zukunft zu eigen gemacht; und in den übrigen Fächern – Geschichte, Mathematik, Literatur – war er mit immensem autodidaktischem Fleiß seinem schnell auffassenden Genie zu Hilfe gekommen, so daß auch in diesen Gebieten sein geistiges Rüstzeug stärker und glänzender war, als es je ein angehender Student aus vieljähriger regulärer Schulzeit mitgebracht haben mag. Ungeachtet der gewaltigen geistigen Anspannung war jedoch Schopen-

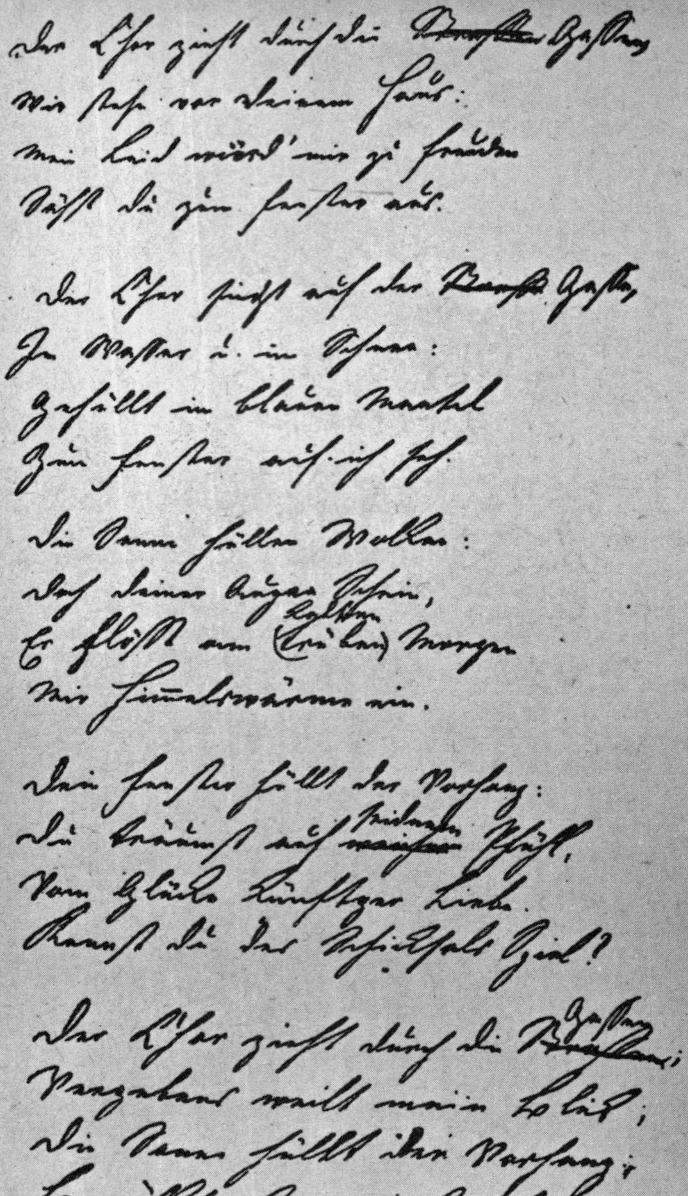

Der Chor zieht durch die Gassen,
Wir stehn vor deinem Haus:
Mein Leid würd' mir zu Freuden
Säh'st du zum Fenster aus.

Der Chor singt auf der Gassen,
Im Wetter u. im Schnee:
Gehüllt in blauen Mantel
Zum Fenster auf ich seh.

Die Sonne hüllen Wolken:
Doch deiner Augen Schein,
Er flößt am kalten Morgen
Mir Himmelswärme ein.

Dein Fenster hüllt der Vorhang:
Du träumst auf seidnen Pfühl,
Vom Glücke künftger Liebe:
Kennst du des Schicksals Spiel?

Der Chor zieht durch die Gassen;
Vergebens weilt mein Blick;
Die Sonne hüllt der Vorhang:
Verhüllt ist mein Geschick.

Schopenhauers einziges Liebesgedicht: an die Schauspielerin Karoline Jagemann, 1809 hauer auch während dieser Weimarer Vorbereitungszeit nicht unanfällig für die Regungen eines seinen Jahren angemessenen Gefühlslebens. Zeugnis dessen ist wiederum ein Gedicht; eine Huldigung an die Schauspielerin Karoline Jagemann, deren Erscheinung es dem Einundzwanzigjährigen so angetan hatte, daß er seiner Mutter gestand: *Dieses Weib würde ich heimführen, und wenn ich sie Steine klopfend an der Landstraße fände.* Doch konnte daraus schon deshalb nichts werden, weil die zehn Jahre Ältere in morganatischer Ehe mit Herzog Karl August lebte. – Übrigens bekam der großjährig Gewordene nunmehr von der Mutter seinen Anteil am väterlichen Erbe ausgezahlt: 19 000 Taler und «Revenuen aus der Verwaltung eines Anteils an den Schopenhauerschen Ländereien im Ohra'schen Niederfelde bei Danzig» im Werte von zirka 100 Reichstalern im Jahr. Dadurch war die Trennung der beiderseitigen Interessen auch wirtschaftlich markant vollzogen; ein symbolischer Vorgang, trotz der etwas sentimentalen mütterlichen Versicherung, «nichts könne ihr gegenseitiges Verhältnis zerreißen».

Gottlob Ernst Schulze. Zeitgenössisches Gemälde

Am 9. Oktober 1809 ließ sich Schopenhauer an der Georgia Augusta zu Göttingen als Student der Medizin immatrikulieren. Obwohl im Grunde «Philosoph» von Natur und früher Veranlagung, schien er doch vorerst noch allgemeiner auf den «Gelehrten» zu zielen, ohne sich auf das philosophische Fach zu spezialisieren. Allein, auch wenn er bereits den «Philosophen» als Studienziel im Auge hatte: für einen Menschen, dem die Kenntnis der Lebenswirklichkeit erste Voraussetzung aller Philosophie war und dessen denkerischer Fundamentalsatz – zugleich sein stärkstes Argument gegen jede theologische Weltdeutung – besagte: man könne nicht aus dem Unbekannten das Bekannte erklären wollen, sondern müsse vom Bekannten ausgehen, um dem Unbekannten näherzukommen – für einen so redlich angelegten Kopf mußte es auch schon im Stadium des Lernens selbstverständlich sein, daß er sich vor allem einmal eine möglichst breite Wissensbasis zu erarbeiten hatte. Und so hörte er denn neben den medizinischen und anatomischen Vorlesungen auch solche aus der Physik und Chemie, trieb Mathematik, Geschichte und immer wieder Sprachen, und vertiefte sich, auf Anraten des Philosophen

A. Schopenhauer
aetatis anno
vicesimo primo.

Christoph Martin Wieland. Silhouette von E. Stack, 1806

Der Einundzwanzigjährige. Miniatur in Aquarellmalerei von Karl Ludwig Kaaz, 1809

Johann Gottlieb Fichte. Kohlezeichnung von Friedrich Bury, um 1800

Gottlob Ernst Schulze, eingehend in das Studium des *göttlichen Plato* und des *erstaunlichen Kant*. Da indessen Schulze selbst mit seiner Schrift «Aenesidemus» gegen Kant argumentiert hatte, so hatte Schopenhauer (nach Rudolf Steiners Formulierung) «das Glück, von einem Manne auf Kant hingewiesen zu werden, der zugleich die Fähigkeit hatte, auf die Widersprüche dieses Philosophen aufmerksam zu machen».

In Göttingen war Schopenhauer bis Ostern 1811. Während der Semesterferien in Weimar zog Wieland ihn in seinen Kreis. Ihm gegenüber, der ihm die Philosophie zunächst ausreden wollte, tat er jenen berühmt gewordenen Ausspruch betreffs der selbstgewählten Lebensaufgabe, über das Leben nachzudenken. Seinen Eindruck von der Persönlichkeit des Dreiundzwanzigjährigen faßte Wieland zusammen in die Worte (an Johanna Schopenhauer): «. . . es war mir sehr lieb, diesen jungen Mann kennen zu lernen; aus dem wird noch einmal etwas Großes werden.»

Im nächsten Herbst bezog Schopenhauer die Universität Berlin, vornehmlich, um entschiedener als bisher auf das philosophische Hauptziel loszusteuern, wofür die Anleitung so namhafter Autoritäten wie Fichte und Schleiermacher die günstigsten Auspizien zu bieten schien. Allein sein bereits sehr erstarktes Selbstbewußtsein hinderte den eigenwilligen Studenten, in vorurteilsloser Aufgeschlossenheit die Lehren der ihrerseits scharf profilierten Denker einfach entgegenzunehmen. Vielmehr reizte ihn deren, ihm zuinnerst fremde, Wesensart alsbald zu scharfer Kritik, und seine *Verehrung a priori* löste sich in äußerstes Mißfallen auf. Obgleich er dennoch die Kollegs und Colloquien besonders Fichtes pflichtgetreu besuchte, zog er doch mehr Gewinn aus den Vorlesungen des Philologen Friedrich August Wolf, der übrigens mit ihm in der abschätzigen Beurteilung Schleiermachers übereinstimmte. Des letzteren Behauptung, «Philosophie und Religion könnten nicht ohne einander bestehen, und keiner könne Philosoph sein ohne religiös zu sein», glossierte Schopenhauer mit der Randbemerkung: *Keiner, der religiös ist, gelangt zur Philosophie: er braucht sie nicht; keiner, der wirklich philosophiert, ist religiös; er geht ohne Gängelband, gefährlich, aber frei!* – Was übrigens Schopenhauers

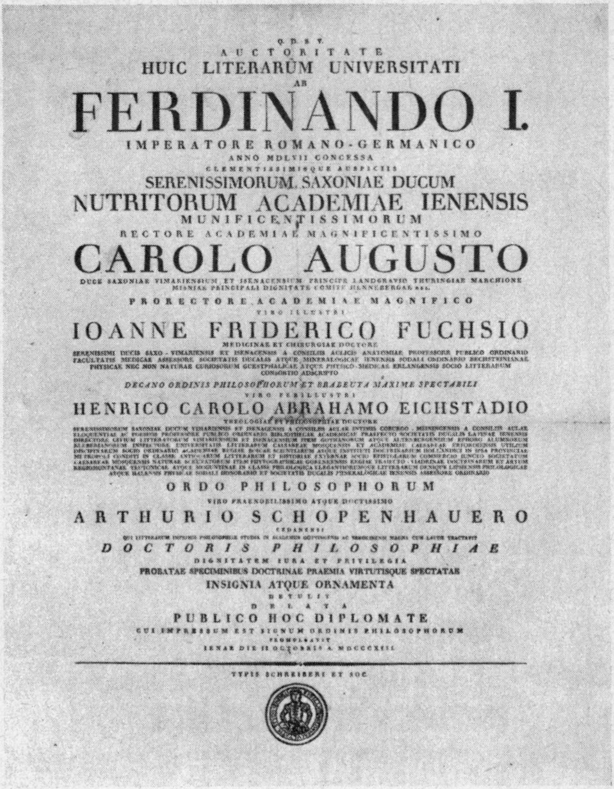

Q. D. B. V.
AUCTORITATE
HUIC LITERARUM UNIVERSITATI
AB
FERDINANDO I.
IMPERATORE ROMANO-GERMANICO
ANNO MDLVII CONCESSA
CLEMENTISSIMISQUE AUSPICIIS
SERENISSIMORUM SAXONIAE DUCUM
NUTRITORUM ACADEMIAE IENENSIS
MUNIFICENTISSIMORUM
RECTORE ACADEMIAE MAGNIFICENTISSIMO
CAROLO AUGUSTO
DUCE SAXONIAE VIMARIENSIUM ET ISENACENSIUM PRINCIPE LANDGRAVIO THURINGIAE MARCHIONE MISNIAE PRINCIPALI DIGNITATE COMITE HENNEBERGAE &c.
PRORECTORE ACADEMIAE MAGNIFICO
VIRO ILLUSTRI
IOANNE FRIDERICO FUCHSIO
MEDICINAE ET CHIRURGIAE DOCTORE
SERENISSIMI DUCIS SAXO-VIMARIENSIS ET ISENACENSIS A CONSILIIS AULICIS ANATOMIAE PROFESSORE PUBLICO ORDINARIO FACULTATIS MEDICAE ASSESSORE SOCIETATIS DUCALIS ATQUE MINERALOGICAE IENENSIS SODALI ORDINARIO BECHSTEINIANAE PHYSICAE NEC NON NATURAE CURIOSORUM GUESTPHALICAE ATQUE PHYSICO-MEDICAE ERLANGENSIS SOCIO LITTERARUM CONSORTIO ADSCRIPTO
DECANO ORDINIS PHILOSOPHORUM ET BRABEUTA MAXIME SPECTABILI
VIRO PERILLUSTRI
HENRICO CAROLO ABRAHAMO EICHSTADIO
THEOLOGIAE ET PHILOSOPHIAE DOCTORE
[illegible]
ORDO PHILOSOPHORUM
VIRO PRAENOBILISSIMO ATQUE DOCTISSIMO
ARTHURIO SCHOPENHAUERO
GEDANENSI
[illegible]
DOCTORIS PHILOSOPHIAE
DIGNITATEM IURA ET PRIVILEGIA
PROBATAE SPECIMINIBUS DOCTRINAE PRAEMIA VIRTUTISQUE SPECTATAE
INSIGNIA ATQUE ORNAMENTA
DETULIT
DELATA
PUBLICO HOC DIPLOMATE
CUI IMPRESSUM EST SIGNUM ORDINIS PHILOSOPHORUM
PROMULGAVIT
IENAE DIE II OCTOBRIS A. MDCCCXIII

TYPIS SCHREIBERI ET SOC.

Das Doktor-Diplom vom 18. Oktober 1813

Verhältnis zu Fichte betrifft, so blieben gewisse Ergebnisse von dessen «Wissenschaftslehre» keineswegs ganz ohne Einfluß auf die Ausbildung seines philosophischen Begriffssystems, so heftig er sich auch nachmals gegen jede Mutmaßung einer derartigen Beziehung zur Wehr setzen mochte. Jedoch wird seine ironiegewürzte Abneigung gegen den «kleinen Mann mit dem borstigen Haarwuchs, rothen Gesicht und stechenden Blick» (nach Wilhelm Gwinners Beschreibung) verstehen, wer den weiten Abstand der beiderseitigen intellektuellen Grundhaltung ermißt; den Abgrund, der Schopenhauers auf unbedingte Exaktheit und Präzision des Folgerns angelegte, auf phraseologische Unschärfen empfindlich reagierende Denkkraft von der Ausdrucksweise eines Dozenten trennte, welcher immerhin seinen Hörern so unglücklich formulierte Erklärungen zumutete wie: «Es ist, weil es so ist, wie es ist.»

Seine Absicht, in Berlin zu promovieren, führte Schopenhauer nicht

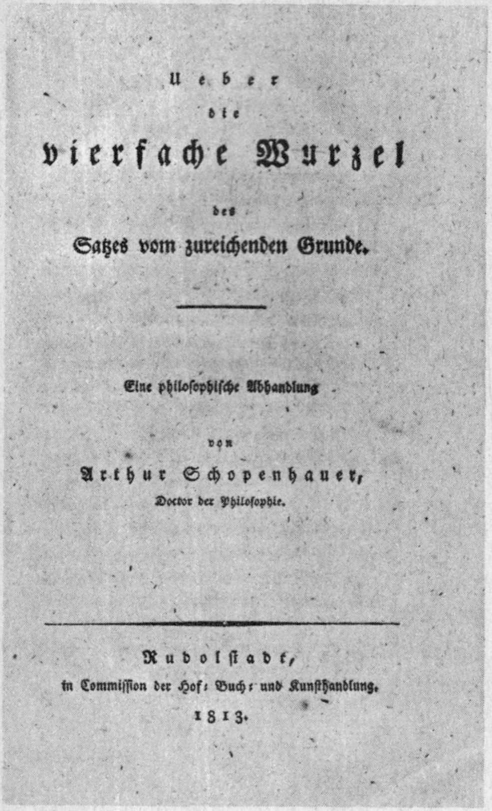
Ueber
die
vierfache Wurzel
des
Satzes vom zureichenden Grunde.

Eine philosophische Abhandlung
von
Arthur Schopenhauer,
Doctor der Philosophie.

Rudolstadt,
in Commission der Hof- Buch- und Kunsthandlung.
1813.

aus. Die erneut ausbrechenden Kriegsunruhen vertrieben ihn im Frühjahr 1813 aus der preußischen Hauptstadt. Über Dresden flüchtete er sich nach Weimar. Doch vertrieb ihn auch von dort eine neue Verstimmung über die Lebensweise der Mutter, deren Liebesverhältnis mit dem Schriftsteller Friedrich von Gerstenbergk dadurch noch einen fatalen Beigeschmack erhielt, daß auch die Tochter Adele – wie deren Tagebücher verraten – in diesen ziemlich undurchsichtigen Zuständen seelisch engagiert war. So zog sich denn Schopenhauer in die friedliche Abgeschiedenheit des Gasthauses «Zum Ritter» in Rudolstadt zurück, wo er in gehöriger geistiger Sammlung seine Dissertation *Über die vierfache Wurzel des Satzes vom zureichenden Grunde* niederschrieb: das erkenntnistheoretische Fundament seines gesamten philosophischen Lebenswerkes. Mit dieser Schrift erwarb er sich den Doktorgrad der Philosophischen Fakultät an der Thüringischen Landesuniversität zu Jena (18. Oktober 1813). Unter den ersten Lesern der Abhandlung war Goethe; und als Schopenhauer doch abermals nach Weimar zurückgekehrt war, suchte Goethe die Bekanntschaft des jungen Gelehrten, dessen Art, sein Denken auf lebendige Anschauung zu gründen, ihn um so mehr beeindruckte, als er selbst gerade mit den ihm aus gleicher Denkweise erwachsenen Problemen der Farbenlehre befaßt war. Goethe erkannte auch, wie vordem Wieland, sogleich die Bedeutung des scharfsinnigen Weltbetrachters, über dessen unbehagliche Ernsthaftigkeit sich junge Damen gern lustig machten; und bei entsprechendem Anlaß ermahnte er die Spötterinnen: «Kinderchen, laßt mir den dort in Ruhe, der wächst uns noch einmal allen über den Kopf.» Nun, sosehr der Verkehr mit dem großen Weisen auch Schopenhauer beglückte, und so hoch er Goethe sein Leben lang stellte: er behauptete ihm gegenüber doch von Anfang an seine Selbständigkeit und opferte auch in der innigsten Vertrautheit, welche sich nun durch Schopenhauers lebhaftes Eingehen auf die Goetheschen Untersuchungen zur Farbenlehre zwischen ihnen ergab, kein Jota seines Wesens und seiner Denkungsart auf. Natürlicherweise entsprangen daraus in der Folge, zumal auf Goethes Seite, gewisse Vorbehalte, insbesondere allgemein-menschlicher und weltanschaulicher Motivierung. Sie konnten nicht einprägsamer Ausdruck gewinnen als in den Albumversen, welche der Lebenskünstler Goethe seinem ungebärdigen Verehrer mit auf den Weg gab, als dieser, im endgültigen Zerwürfnis mit der Mutter, im Mai 1814 nach Dresden aufbrach:

Willst du dich deines Wertes freuen,
So mußt der Welt du Wert verleihen.

Aber gerade jetzt hatte Schopenhauer endgültig aufgehört, der Welt Wert beizumessen; denn hier in Weimar war ihm mit der Entdeckung der indischen Philosophie, zu welcher Friedrich Majer ihn geführt hatte, die große Bekräftigung seiner pessimistischen Lebens-

Goethes Eintragung in Schopenhauers Stammbuch

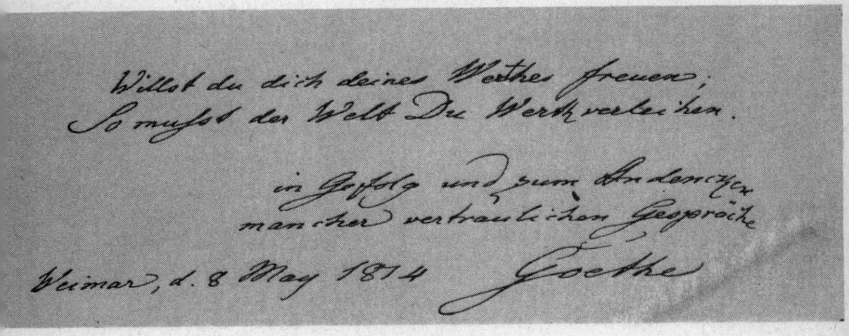
Willst du dich deines Werthes freuen;
So musst der Welt Du Werth verleihen.

in Gefolg und zum Andencken
mancher vertraulichen Gespräche

Weimar, d. 8 May 1814 Goethe

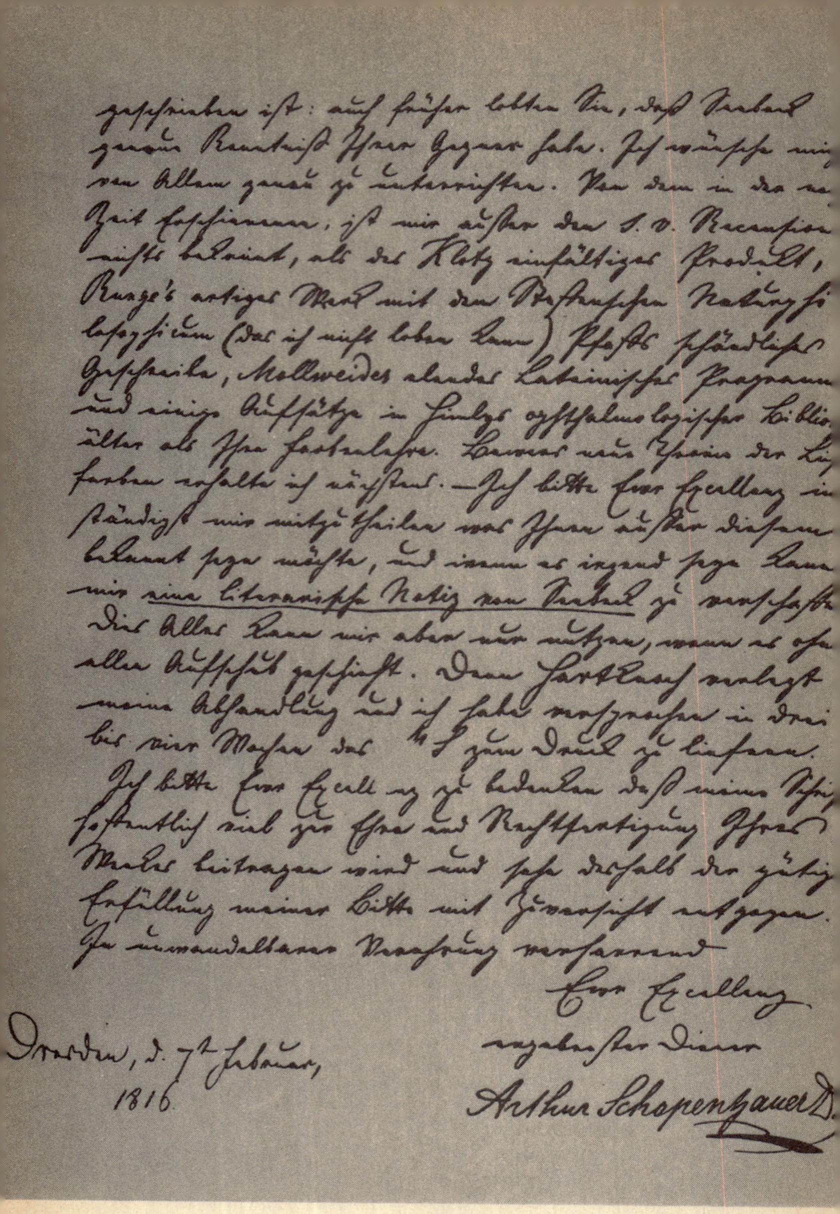

Schopenhauer an Goethe, letzte Briefseite. Dresden, 7. Februar 1816

sicht zuteil geworden. Übrigens waren diese Weimarer Monate auch die letzten eines persönlichen Beisammenseins mit der Mutter gewesen. Schopenhauer hat sie danach nicht mehr wiedergesehen.

DIE DRESDENER ERNTE

Länger als vier Jahre lebte Arthur Schopenhauer nun in Dresden. Es war die Epoche seiner reichsten schöpferischen Selbstentäußerung, der unerschöpflich quellenden Tätigkeit seines denkerischen Genies, das hier in einem kontinuierlichen Arbeitsgang von beispielloser Angespanntheit die Ernte aller vorausgegangenen Erfahrungen, Beobachtungen, Überlegungen und Gedankenprozesse einbrachte und damit den Zentralbau seiner philosophischen Konzeption errichtete, die nach dessen Vollendung nur noch durch allerlei Aus- und Anbauten ergänzt, in Einzelzügen bereichert und verfeinert, in einigen Überzeugungsmitteln wohl auch noch durch weiter gereifte Einsichten verbessert werden konnte. Aber bevor er an die Skizzierung seines Hauptwerkes ging, führte er noch jene Studien zu Ende, die Goethe in ihm angeregt und gefördert hatte. Als Naturforscher von all denen hochmütig belächelt oder einfach übergangen, die den Beruf des Dichters für wirklichkeitsfremd halten und ihn auf das mehr oder minder ernst genommene Handwerk des Verseschmiedens festnageln, dem dichterischen Denker aber keinesfalls die Gabe sachlichen Forschens und wissenschaftlichen Folgerns zugestehen möchten, hatte Goethe es als einen unverhofften Glücksfall begrüßt, in dem Autor der *Vierfachen Wurzel* einen wirklichen Selbstdenker zu treffen, der geeignet schien, ihn auf seinem einsamen Erkenntniswege als gelehriger Schüler zu begleiten. Der «merkwürdige und interessante Mann», als welcher «der junge Schopenhauer» von Goethe dem alten Freunde Karl Ludwig von Knebel charakterisiert worden war, hatte sich auch mit wahrem Feuereifer auf die Sache geworfen und eben dieser optischen Übungen unter Goethes Anleitung wegen seinen Weimarer Aufenthalt über die ursprünglich geplante Zeit hinaus verlängert. Allein die selbständige Beschäftigung mit der neuen Materie brachte den anfangs nur ehrfurchtsvoll lernenden Jünger bald auf eigene Gedanken. Worin er mit Goethe uneingeschränkt harmonierte, das war: die Gegnerschaft zur Farbenlehre Newtons, nach welcher jeder Strahl des Sonnenlichts sich aus sieben Farbenstrahlen zusammensetze, alle Farben also Teile des Sonnenlichts seien. Goethe behauptete dementgegen, daß Farbe erst aus dem Zusammenwirken von Licht und Dunkelheit entstehe, und er lehrte, indem er sich auf zahlreiche eigene Experimente stützte: «Wir sehen auf der einen Seite das Licht, das Helle, auf der andern die Finsternis, das Dunkel; wir bringen die Trübe zwischen beide, und aus diesen Gegensätzen, mit Hülfe gedachter Vermittlung, entwickeln sich, gleichfalls in einem Gegensatz, die Farben.»

Schopenhauer kommentierte: *Goethe hatte den treuen, sich hingebenden, objektiven Blick in die Natur der Sachen; Newton war bloß Mathematiker, stets eilig nur zu messen und zu rechnen, und zu dem Zweck eine aus der oberflächlich aufgefaßten Erscheinung zusammengeflickte Theorie zum Grunde legend. Dies ist die Wahrheit: schneidet Gesichter wie ihr wollt!* Jedoch er schritt im Durchdenken der vorliegenden Probleme nun noch über Goethe hinaus und begründete die Notwendigkeit dazu: *Wenn wir (ich meine hier sehr Wenige) ferner die Newtonsche Irrlehre, von Goethe, theils durch den polemischen Theil seiner Schrift, theils durch die richtige Darstellung der Farbenphänomene jeder Art, welche Newtons Lehre verfälscht hatte, auch völlig widerlegt sehen; so wird doch dieser Sieg erst vollständig, wenn eine neue Theorie an die Stelle der alten tritt.* Er vermißte also bei Goethe die eigentliche – anti-newtonsche – Theorie des Sehens und der Entstehung der Farben. Diese fand er, vom Phänomen der physiologischen Farben ausgehend, auf dem Wege der Untersuchung des *bisher stets vermißten Zusammenhangs des Wesens jeder Farbe mit der Empfindung derselben;* und er durfte resümieren: *Der wesentlich subjektiven Natur der Farbe ist erst durch meine Theorie ihr volles Recht geworden; obgleich das Gefühl derselben schon in dem alten Sprichwort des goûts et des couleurs il ne faut disputer ausgedrückt ist. Dabei aber gilt von der Farbe, was Kant vom ästhetischen, oder Geschmacksurteil aussagt, nämlich daß es zwar nur ein subjektives sei, jedoch den Anspruch mache, gleich einem objektiven, die Beistimmung aller normal beschaffenen Menschen zu erhalten.*

Es konnte nun freilich nicht ausbleiben, daß der «Selbstdenker» mit seinen Überlegungen in einigen Punkten auch zu Goethes Feststellungen in Widerspruch geriet – unwesentlichen Punkten bis auf einen. Seine Meinung über diesen legte Schopenhauer gegenüber Goethe brieflich folgendermaßen dar: *Die Hauptsache ist die Herstellung des Weißen. Daß Newton hier nur ganz zufällig und nur den Worten nach der Wahrheit nahe gekommen ist, während Sie schon das Wesentliche der Sache selbst, die Aufhebung aller Farbe durch den Gegensatz gelehrt haben, wobei nur zu berichtigen, daß das etwa entstehende Grau nicht der Farbe als solcher, im engsten Sinne genommen, zukommt, sondern nur der chemischen Farbe, und was ferner zu Ihrer Rechtfertigung zu sagen war, ist ausführlich gesagt worden. Die Herstellung des Weißen bedeutet bei mir nur dieses: daß, wenn auf einer und derselben Stelle der Retina die Tätigkeit, in welcher sie bei Anschauung des Roten ist, zugleich mit der, in welcher sie bei Anschauung des Grünen ist, hervorgebracht wird, die Empfindung des Weißen oder des Lichts, d. h. die volle Tätigkeit des Auges, deren zwei gleiche Hälften Grün und Rot waren, gegeben ist: und ebenso bei den ungleichen Hälften. – Malus und Arago in Paris haben neuerlich schwierige Experimente und gelehrte Untersuchungen gemacht, über Polarisation und Depolarisation der Lichtstrahlen, wobei die homogenen Lichter zum Vorschein kommen: das alles aber ist verlorene Mühe: sie sind auf dem falschen Wege, solange sie mit Newton die wesentliche Ursache der Farbe in einer eigentümlichen ursprünglichen Modifikabilität (Teilbarkeit) des Lichtes suchen, da sie statt dessen in einer ursprünglichen eigentümlichen Modifikabilität (Teilbarkeit) der Tätigkeit der Retina liegt ...*

Goethe. Kreidezeichnung von Ferdinand Jagemann. Weimar, 22. August 1817

Sein Verhältnis als Autor der neuen Farbentheorie zu Goethe als dem Praktiker der neuen, schöpferischen Anschauungsweise in dieser Angelegenheit kennzeichnete Schopenhauer mit feiner Behutsamkeit: *Wer auf dem empirischen Wege der Wissenschaft ein neues Feld eröffnet, eine Masse von Tatsachen auffindet und nach ihrem unmittelbaren Zusammenhange geordnet darstellt, gleicht demjenigen, der ein neues Land entdeckt und die erste Karte desselben vorläufig entwirft. Der Theoretiker aber gleicht einem unter denen, welche jener in das neue Land führte, und der nun einen hohen Berg in demselben erklimmt, von dessen Gipfel er das Land in Einem Blick übersieht. Daß er hinaufkam, ist sein Verdienst, daß er nun aber von oben sieht, wo jene, die unten wandeln, den nächsten Weg verfehlen, daß er die Verhältnisse der Berge, Flüsse, Wälder genauer bestimmt, das alles ist jetzt kinderleicht.* – Allein der Olympier grollte dem seiner Autorität entwachsenen Adepten doch einigermaßen und zollte dessen profunder Arbeit nicht die freudige, bedingungslose Anerkennung, die jener sich erwartet hatte. Vielmehr sprach er, was seine sparsamen direkten Äußerungen umgingen, desto drastischer epigrammatisch aus:

Trüge gern noch länger des Lehrers Bürden,
Wenn Schüler nur nicht gleich Lehrer würden.

Schopenhauer, obwohl begreiflicherweise tief enttäuscht, ließ es den Alten nicht entgelten und verharrte nach wie vor in der dankbaren Verehrung, die er unter gleichen Umständen «keinem andern von denen, die mit ihm zugleich die Sonne sahen» weiterhin gezollt hätte. Der Schrift *Über das Sehen und die Farben* war indessen kein besseres Los beschieden als der Goetheschen Abhandlung. Das gedruckte Werk erschien zur Ostermesse 1816. *Seitdem*, berichtete Schopenhauer viele Jahre danach im Vorwort zur zweiten Auflage, *haben weder Physiologen, noch Physiker es der Berücksichtigung würdig gefunden, sondern sind, davon ungestört, bei ihrem Text geblieben.* Auch inzwischen hat sich daran nichts geändert, daß Goethes wie Schopenhauers Farbenlehre von den meisten Vertretern akademisch sanktionierter Lehrmeinung des Dilettantismus verdächtigt und damit leichthin abgetan werden; während sich immer wieder einzelne Fachgelehrte von durchaus nicht geringerem Range finden, die sich dafür einsetzen. Sonach ist dem weit verbreiteten Glauben, vor dem Forum der ernsthaften Forschung sei die Frage nach der wissenschaftlichen Bedeutung dieser Schriften längst entschieden, aufs bestimmteste zu widersprechen.

DAS GROSSE WERK

Wenn Schopenhauer auch von seiner Mutter, von der Schwester und den meisten Menschen gewöhnlichen Schlages für hoffnungslos ungesellig, ja, von Grund auf menschenfeindlich gehalten wurde, und wenn dieses Dafürhalten dem oberflächlichen Anschein sowie der kritischen Reizbarkeit des geborenen und erfahrenen Pessimisten nach durchaus nicht ungerechtfertigt war, so darf daraus doch nicht geschlossen werden, daß er jederzeit als veritabler Einsiedler gelebt hätte. Sowohl schon in der Göttinger Universitätszeit als in Weimar und während der Dresdener Jahre (1814–18) hatte er seinen Kreis von Freunden und Bekannten, in deren Auswahl er freilich sehr vorsichtig und anspruchsvoll war. Es ist aber bezeichnend, daß den Maßstab seiner Wahl keineswegs immer nur die intellektuellen Qualitäten abgaben, sondern häufiger die charakterlichen, so daß es in Schopenhauers Leben Fälle von Freundschaft gab, in denen die Partner fähig und gewillt sein mußten, auch einen mehr oder minder gutmütigen Sarkasmus in Kauf zu nehmen, den er, ihm geistig Unterlegenen gegenüber, selten unterdrücken konnte. Daß ihm vollends der Anblick unverdienter Geltung, imaginärer Bedeutung, angemaßter oder fälschlich inthronisierter Autorität – jener unechten Werte und irrigen Wertungen also, die zumeist als vorherrschende Mächte die sogenannte «zeitgenössische Kultur» repräsentieren – oft bissigen Hohn entlockte, trug ihm natürlicherweise zu der unvermeidlichen sachlichen auch viel unnötige persönliche Gegnerschaft ein. Selbst Beziehungen, die ihm am Herzen lagen, verscherzte er sich dadurch gelegentlich; denn es ist erstaunlich, wie wenig Sinn für das rebellische Wesen eines mit überscharfer Urteilskraft begabten, dazu durch Ungerechtigkeit gereizten Selbstbewußtseins bisweilen auch Menschen von lebhaftem Verstande und beweglicher Einfühlung haben. In Dresden war es später Ludwig Tieck, mit dem der freundschaftliche Verkehr ein jähes Ende fand wegen einer abfälligen Äußerung Schopenhauers über Tiecks Jugendfreund Friedrich Schlegel. Übrigens aber blieb der so schnell zur vollen Höhe seiner bewunderungswürdigen Denkkraft herangereifte Philosoph letztlich eben doch auch inmitten seiner Freunde und Verehrer zeitlebens ein Einsamer, und keiner von ihnen hätte sich rühmen dürfen, ihm für seine geistige Entwicklung oder gar für die Ausbildung seiner Gedankenwelt etwa in ähnlichem Sinne bedeutend geworden zu sein, wie seinerzeit der Universitätslehrer G. E. Schulze durch den Hinweis auf Platon und Kant, F. Majer durch die Vermittlung der altindischen Weisheit und Goethe durch seine ganze Art, zu schauen, zu denken und zu sein.

Unter meinen Händen und vielmehr in meinem Geiste erwächst ein Werk, eine Philosophie, die Ethik und Metaphysik in e i n e m sein soll ... Das Werk wächst, concresciert allmählich und langsam, wie das Kind im Mutterleibe: ich weiß nicht, was zuerst und was zuletzt entstanden ist ... Ich werde e i n Glied, e i n Gefäß, e i n e n Teil nach dem andern gewahr, d. h. ich schreibe auf, unbekümmert, wie es zum Ganzen passen wird: denn ich weiß, es ist alles aus einem Grund entsprungen. So entsteht ein organisches Ganzes, und nur ein solches kann l e b e n ... Ich, der ich hier sitze, und den meine Freunde kennen, begreife das Entstehn des Werkes nicht, wie die Mutter nicht das des Kindes in ihrem Leibe begreift. Ich seh' es an und spreche, wie die Mutter: «Ich bin mit Frucht gesegnet» ...

Diese Worte aus Schopenhauers nachgelassenen Bemerkungen über sich selbst schildern ergreifend seinen inneren Zustand zur Zeit des Werdens seines Hauptwerkes, das ihn förmlich übermächtigte, wie einen Künstler die Fülle der Einfälle und Bilder, aus denen sich seine Schöpfung gestalten will. Etwas wesentlich Künstlerisches liegt tatsächlich in dieser Art ideeller Empfängnis. Und ganz ebenso, wie der Künstler das intuitiv Empfangene dann in bewußter, besonnener Arbeit sichtet, ordnet, ausformt und zur Sinnfälligkeit einer klar überschaubaren Ganzheit erhebt, vollzog der Denker hier den Auf-

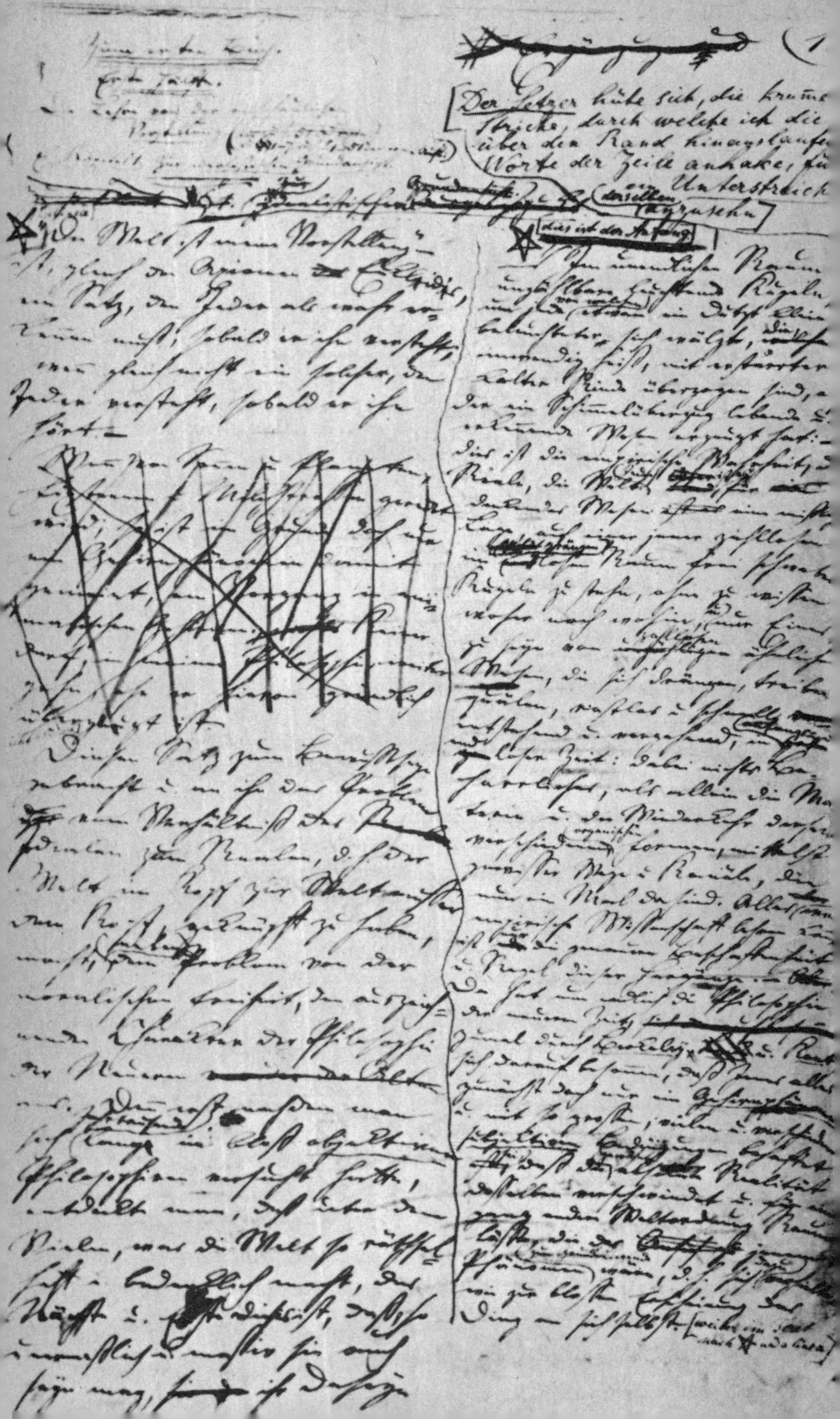
Der Setzer hüte sich, die krummen Striche, durch welche ich die über den Rand hinauslaufenden Worte der Zeile anhake, für Unterstreichungen anzusehen
dies ist der Anfang
Die Welt ist meine Vorstellung

und Ausbau eines am Ende überraschend in sich selbst geschlossenen philosophischen Systems: *Mein Denken in Worten, also Begriffen, also die Thätigkeit der Vernunft, ist für meine Philosophie nichts anderes, als was das Technische für den Maler ist, das eigentliche Malen, die conditio sine qua non. Aber die Zeit der wahrhaft philosophischen, wahrhaft künstlerischen Thätigkeit sind die Augenblicke, wo ich mit Verstand und Sinnen rein objektiv in die Welt hinaussehe; diese Augenblicke sind nichts Beabsichtigtes, nichts Willkürliches, sie sind das mir Gegebene, mir Eigene, was mich zum Philosophen macht, in ihnen fasse ich das Wesen der Welt auf, ohne dann zugleich zu wissen, daß ich es auffasse; ihr Resultat wird oft erst lange nachher aus der Erinnerung schwach in Begriffen wiederholt und so dauernd befestigt.* – Auch das erinnert an die Feststellung manches schaffenden Künstlers: daß die «Befestigung», die schließliche endgültige Gestalt des Werkes, nur eine «schwache Wiederholung» der ursprünglich empfangenen «Einfälle» darstelle. Und doch ist das Endergebnis des gedanklichen Vorgangs ein völlig klares und eindeutiges und läßt sich von dem schöpferischen Denker selbst aufs präziseste definieren: *Meine ganze Philosophie läßt sich zusammenfassen in dem einen Ausdruck: die Welt ist die Selbsterkenntnis des Willens.*

Will man die philosophiegeschichtlichen Voraussetzungen dieser Weltdeutung ausfindig machen, so darf man sich an Schopenhauers eigene Auskunft halten, der Gwinner gegenüber äußerte, außer Kant, dessen Philosophie «er nur ausgedacht» (wir würden heute sagen: zu Ende gedacht) habe, hätten «in seiner intellektuellen Entwicklung besonders Helvetius und Cabanis Epoche gemacht»; beide hätten «ihm die Augen geöffnet über die secundäre Natur des Intellects», deren spekulative Begründung ihm zum unvergänglichen Ruhme gereiche und die er selbst als «den Brennpunkt und das wesentliche Verdienst seiner Lehre urgiere». Gwinner fügt den Namen «der beiden berühmten französischen Sensualisten» noch den des «poetischen Pessimisten» Chateaubriand hinzu. Was indessen die einmal geöffneten Augen wahrnahmen, und was die individuelle Gedankenarbeit des Philosophen dann aus dem Wahrgenommenen an Erkenntnis zog, das hatte in seiner subjektiven Folgerichtigkeit und objektiven Zusammenfassung keinerlei Vorläuferschaft. Mit Recht konnte daher Schopenhauer in seinem Anfragebrief an den Verlagsbuchhändler Friedrich Arnold Brockhaus schreiben: *Mein Werk also ist ein neues philosophisches System, aber neu im ganzen Sinne des Wortes: nicht neue Darstellung des schon Vorhandenen, sondern eine im höchsten Grade zusammenhängende Gedankenreihe, die bisher noch nie in irgendeines Menschen Kopf gekommen.* Wie aber schließlich Schopenhauer mit diesem höchstpersönlichen Erträgnis seiner Denkarbeit innerhalb der geistigen Landschaft stand, welche von den wahlverwandten Wegweisern, Vorarbeitern und Anregern gewisserma-

Die erste Seite des 2. Bandes von «Die Welt als Wille und Vorstellung»

ßen entworfen, aber nicht ausgeführt worden war, das hat wiederum Gwinner, von dem distanzierenden Element im Verhältnis Schopenhauers zu Kant ausgehend, unübertrefflich dargelegt: «Des großen Deficits im Kant'schen Geiste war er sich schon als Student bewußt geworden und glaubte dasselbe auf einen gänzlichen Mangel an Contemplation zurückführen zu müssen. ‹Wäre nicht›, sagte er damals, ‹mit Kant zu gleicher Zeit Goethe der Welt gesandt, gleichsam um ihm das Gegengewicht im Zeitgeiste zu halten, so hätte jener auf manchem strebenden Gemüthe wie ein Alp gelegen und es unter großer Quaal niedergedrückt. Jetzt aber wirken beide aus entgegengesetzten Richtungen unendlich wohlthätig und werden den deutschen Geist vielleicht zu einer Höhe heben, die selbst das Alterthum übersteigt.› Hier haben wir den Punkt, wo sein eigenes System mit dem zwiefachen Faden einschlägt: die Ergänzung des ethischen Realismus Kant's zu dem physischen der Sensualisten nicht nur, sondern auch zu dem ästhetischen Goethe's, durch die Verkörperung des kategorischen Imperativs und der platonischen Ideen im Willen, dessen Wesen gleichwohl die idealistische Grundansicht beider in sich einschließt. Dies war seine Aufgabe.»

Die Jahre, während deren Schopenhauer *Die Welt als Wille und Vorstellung* in erster Fassung, also in der unverrückbaren Hauptmasse ihres Gedankenbaus, zu Papier brachte, verlebte er nicht etwa als verkapselter Stubengelehrter ausschließlich hinter dem Schreibtisch. Neben den gewiß nicht verschwenderisch gepflogenen Zerstreuungen des Verkehrs genoß er eifrig die Anregungen und Bereicherungen, die ihm das künstlerische, literarische und wissenschaftliche Dresden zu bieten vermochte, und erwanderte sich – wie er es bis in die letzten Lebenstage zu tun pflegte – seine kräftigsten Denkimpulse auf ausgedehnten Spaziergängen in der freundlichen Umgebung. Im März 1818 hatte er das Manuskript abgeschlossen und bot es Brockhaus an. Schon im nächsten Monat kam der Vertrag zustande, und bereits zum Jahresende lag das gesamte umfangreiche Werk ausgedruckt vor – nicht ohne daß sich vorher Autor und Verleger gründlichst entzweit hätten, da Schopenhauer, auf den Antritt einer Erholungsreise versessen, Brockhaus mit Forderungen auf sofortige Honorierung bedrängte und dabei nicht mit Mißtrauensvoten und verletzenden Vorwürfen sparte. Der durchaus redliche Verlagsmann beendete die Korrespondenz mit der Weigerung, weitere Briefe anzunehmen, und erklärte abschließend: «Was ich zu tun habe, weiß ich selbst und bedarf dazu keiner Erinnerung, die in den sackgroben Formen, worin Sie solche kleiden, ohnehin immer entgegengesetzte Wirkungen hervorbringen. – Ich hoffe nur, daß meine Befürchtung, von Ihrem Werke blos Maculatur zu drucken, nicht in Erfüllung gehen werde.» – Nun, das war im Zorn geschrieben, doch ebenso gewiß nicht nur so obenhin, und es stellt dem verlegerischen Mut des Briefschreibers immerhin ein gutes Zeugnis aus, daß er sich überhaupt an die Herausgabe eines Werkes wagte, an dessen geschäftlicher Rentabilität er von vorneherein zweifeln mußte. Die Prognose auf «Maculatur» war für Schopenhauer übrigens nichts Neues: seine eigene Mutter hatte sie ihm bereits für die *Vierfache Wurzel des Satzes vom zureichenden Grunde* gestellt und damit recht behalten. Recht behielt erst einmal auch der Verleger der *Welt als Wille und Vorstellung*: im Verlauf von anderthalb Jahren wurden davon kaum hundert Exemplare abgesetzt. Und es war in der Tat das Schicksal der ersten Auflage, schließlich größtenteils als Makulatur zu enden. Der Autor hatte daher, auf diese Erfahrung zurückschauend, genug Ursache, zu bekennen: *Mein Leitstern ist ganz ernstlich die Wahrheit gewesen: ihm nachgehend durfte ich zunächst nur nach meinem eigenen Beifall trachten ...* Doch verschärfte sich durch den, seinen berechtigten Autorenstolz tief verletzenden Mißerfolg Schopenhauers ablehnende Einstellung zu den zeitgenössischen Philosophen, gegen deren feststehendes Renommee er sich einstweilen nicht durchzusetzen vermochte, in der Folge bis zu dem Grade, daß er sich allmählich gewöhnte, von ihnen fast nur noch in Verbalinjurien zu sprechen. Auch die Art, wie Goethe das Buch aufnahm, konnte ihn für den mangelnden Beifall der Öffentlichkeit nicht entschädigen. Zwar zeigte jener sich gerührt davon, daß Schopenhauer trotz beider Veruneinigung über die Farbenlehre «so an ihm hinge», zwar schnitt er den Band sogleich des bequemeren Lesens wegen in zwei Teile, schlug «die bedeutendsten Stellen» auf und ließ durch Adele einige anerkennende Liebenswürdigkeiten ausrichten (denen die Schwester hinzufügte: «Wenigstens bist Du der einzige Autor, den Goethe auf diese Weise mit diesem Ernste liest; das, dünkt mich, muß Dich freuen»). Indessen wartete der Philosoph auch in diesem Falle vergeblich auf ein Wort persönlichen Einverständnisses und unverklausulierter Würdigung – was freilich bei so grundverschiedenen Meinungen über den Wert des Daseins und der ganzen Weltveranstaltung keiner näheren Erklärung mehr bedarf.

Der Verleger Friedrich Arnold Brockhaus. Gemälde nach einer Zeichnung von Karl Vogel

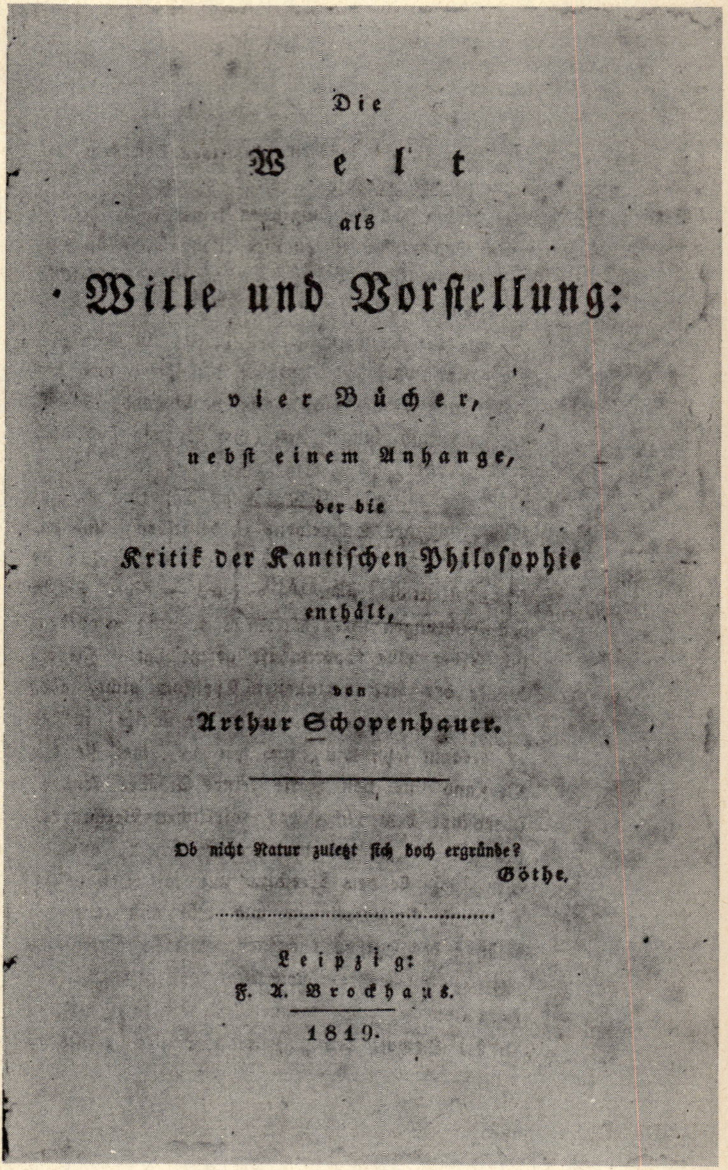

Die

Welt

als

Wille und Vorstellung:

vier Bücher,

nebst einem Anhange,

der die

Kritik der Kantischen Philosophie

enthält,

von

Arthur Schopenhauer.

Ob nicht Natur zuletzt sich doch ergründe?

Göthe.

Leipzig:

F. A. Brockhaus.

1819.

Die Erstausgabe von 1819

DIE WELT ALS WILLE UND VORSTELLUNG

Indem hier versucht werden soll, in großen und groben Zügen eine ungefähre Darstellung des Aussageinhaltes der *Welt als Wille und Vorstellung* zu geben, darf nochmals darauf hingewiesen werden, daß Schopenhauers ein leidvolles Spannungsverhältnis begründende Lehre von der sekundären Natur und dienenden Rolle des Intellekts gegenüber dem Willen – trotz Identität des erkennenden mit dem wollenden Ich, des Erkennenden mit dem als wollend Erkannten, also des Subjekts mit dem Objekt – an ihm selbst eine geradezu paradigmatische Bestätigung erfährt, da seine ganze Denkweise dieser in ihm von Geburt her veranlagten und schärfstens ausgeprägten Konfliktsituation entsprang. Das Fundamentalleiden seines Lebens war die Unlösbarkeit jenes Konflikts in seiner Konstitution; und die philosophische Frucht dieses, durch den unüberwindlichen Zwang zum Mitleiden alles fremden Leidens noch vertieften Lebensleidens: das radikal-pessimistische Weltbild, mit dem er sich in krassesten Widerspruch zu den idealistisch-optimistischen Zeittendenzen setzte, wie sie schon im Entwicklungsdenken Schellings sich zum Wort gemeldet hatten und in Hegels weit ausholenden Weltentwicklungsgedanken vollends zu prädominierender Geltung drängten. Von einem auf unverrückbare Erkenntnisprinzipien gegründeten, durch persönlichste Erfahrung erhärteten Unabänderlichkeitsbewußtsein aus konnte es keine verbindende Gedankenbrücke zu jenen damals – wie auch in unseren Tagen wieder – anerkannt zeitgemäßen Ideenentwürfen geben. Hierin lag die tiefere, überpersönliche und untilgbare Ursache der Unvereinbarkeit von Schopenhauers Weltanschauung mit der Philosophie seiner unmittelbaren (zeitlichen) Vorgänger und seines großen, zeitlebens von ihm verabscheuten Antipoden.

Voraussetzung für das Verständnis der *Welt als Wille und Vorstellung* ist, nach der ausdrücklichen Forderung des Autors und tatsächlich, die Kenntnis der Abhandlung *Über die vierfache Wurzel des Satzes vom zureichenden Grunde.* Nicht zufälligerweise bildet sie auch chronologisch die Vorstufe zum Hauptwerk; vielmehr legte mit ihr der Schöpfer eines bewunderungswürdig organischen Gedankensystems, ehe er an dessen folgerichtige Ausarbeitung ging, vor sich selbst und vor seinen Lesern Rechenschaft ab über das wissenschaftliche Gesetz seines denkerischen Unternehmens. *Was aber Anderes,* so lautete seine rhetorische Frage, *als der Satz vom zureichenden Grunde, verbindet die Glieder eines Systems? Das eben zeichnet jede Wissenschaft vor dem bloßen Aggregat aus, daß ihre Erkenntnisse eine aus der andern, als ihrem Grunde, folgen.* Und: *Da es nun die, von uns stets a priori gemachte Voraussetzung, daß Alles einen Grund habe, ist, die uns berechtigt, überall Warum zu fragen; so darf man das Warum die Mutter aller Wissenschaften nennen.* Als «allgemeinste» Formulierung des Satzes selbst zitiert der Philosoph die Wolfische: Nihil est sine ratione cur potius sit, quam non sit. *Nichts ist ohne Grund warum es sei.* Daher ist der Satz vom Grunde

Immanuel Kant. Aquarellminiatur von Gottlieb Doeppler, 1791

das *Prinzip aller Erklärung; eine Sache erklären heißt ihren gegebenen Bestand, oder Zusammenhang, zurückzuführen auf irgend eine Gestaltung des Satzes vom Grunde, der gemäß er sein muß, wie er ist. Diesem gemäß ist der Satz vom Grunde selbst, d. h. der Zusammenhang, den er, in irgend einer Gestalt ausdrückt, nicht weiter erklärbar; weil es kein Prinzip giebt, das Princip aller Erklärung zu erklären, – oder wie das Auge Alles sieht, nur sich selbst nicht.*

Schopenhauer unterscheidet vier verschiedene «Gestaltungen» des Satzes, *je nach Verschiedenheit der Art der Objekte.* Denn: *Unser erkennendes Bewußtsein, als äußere und innere Sinnlichkeit (Receptivität), Verstand und Vernunft auftretend, zerfällt in Subjekt und Objekt, und enthält nichts außerdem. Objekt für das Subjekt sein, und unsere Vorstellung sein, ist das Selbe. Alle unsere Vorstellungen sind Objekte des Subjekts, und alle Objekte des Subjekts sind unsere Vorstellungen. Nun aber findet sich, daß alle unsere Vorstellungen unter einander in einem gesetzmäßigen und der Form nach a priori bestimmbaren Verbindung stehen, vermöge welcher nichts für sich Bestehendes und Unabhängiges, auch nichts Einzelnes und Abgerissenes, Objekt für uns werden kann. Diese Verbindung ist es, welche der Satz vom zureichenden Grund, in seiner Allgemeinheit, ausdrückt.* Die nach den verschiedenen Arten der Objekte unterschiedenen vier Gestaltungen sind: der *Satz vom Grunde des Seins*; der *Satz vom Grunde des Werdens*; der *Satz vom Grunde des Handelns*; der *Satz vom Grunde des Erkennens.* Dem ersten ist die äußere und innere Sinnlichkeit zugeordnet, die Wahrnehmung in den Formen von Raum und Zeit; dem zweiten der Verstand und die Kausalität; dem dritten das Selbstbewußtsein und die Motivation; dem vierten die Vernunft, der Erkenntnisgrund und die Logik. Dies das schematische Konzept der gedanklichen Ordnung, auf die sich eine Wirklichkeitsauffassung gründet, die ihre umfassende Selbstdarstellung mit der – wie Schopenhauer meint – «gewissen und keines Beweises bedürftigen Wahrheit» eröffnet: *Die Wahl ist meine Vorstellung.* Übrigens wird nun aber mit dieser von dem subjektiven Ausgangspunkte her gewonnenen Definition die empirische Realität der Welt nicht geleugnet; daß sie als Objekt durch das sie vorstellende Subjekt bedingt ist, hebt die umgekehrte Tatsache nicht auf, daß das Subjekt als solches seinerseits durch das Objekt bedingt ist. Die Welt ist mithin außerdem, daß sie Vorstellung ist, *noch viel mehr.* Insofern sie Vorstellung ist, ist sie *unterworfen dem Satze vom Grunde.* Mit dieser Ansicht fußt Schopenhauer auf Kants «transzendentalem Idealismus» und der aus ihm folgenden Lehre, daß wir die Dinge nicht so erkennen, wie sie an sich sind, sondern wie sie uns infolge der Beschaffenheit unserer Erkenntnisorgane erscheinen; so daß also grundsätzlich zu unterscheiden sei zwischen den «Dingen an sich» und den «Erscheinungen». Zwar fand sich die Anschauung von der eigentlichen Unwirklichkeit der sichtbaren, mit den Sinnesorganen erfaßbaren Welt bereits bei Platon in klarster Ausbildung vor, und erblickte der mächtigste Denker des Altertums in den Ideen die «Urformen aller Dinge», das «allein wahrhaft Seiende»; doch hielt Schopenhauer jene Unterscheidung der Erscheinung vom Ding an sich für die entscheidendste philosophische Errungenschaft der Neuzeit und darum das bedeutendste Verdienst Immanuel Kants. Wohingegen er, im gleichen Sinne, in welchem schon G. E. Schulze gegen Kant Stellung genommen hatte, der unzulänglichen Kantischen Deduktion des «Dings an sich» wie dem Verzicht des Königsberger Philosophen auf jeden Versuch, dem «Ding an sich» eine einigermaßen einleuchtende nähere Bestimmung zu geben, schonungslose Kritik zuteil werden ließ: *Kant hat das Ding an sich nirgends zum Gegenstand einer besonderen Auseinandersetzung oder deutlichen Ableitung gemacht. Sondern, so oft er es braucht, zieht er es sogleich herbei durch den Schluß, daß die Erscheinung, also die sichtbare Welt, doch einen Grund, eine intelligible Ursache, die nicht Erscheinung wäre und daher zu keiner möglichen Erfahrung gehöre, haben müsse. Dies thut er, nachdem er unablässig eingeschärft hat, die Kategorien, also auch die der Kausalität, hätten einen durchaus nur auf mögliche Erfahrung beschränkten Gebrauch, wären bloße Formen des Verstandes, welche dienten, die Erscheinungen der Sinnenwelt zu buchstabieren, über welche hinaus sie hingegen gar keine Bedeutung hätten u.s.w., daher er ihre Anwendung auf Dinge jenseits der Erfahrung aufs strengste verpönt und aus der Verletzung dieses Gesetzes, mit Recht, allen früheren Dogmatismus erklärt und zugleich umwirft. Die unglaubliche Inkonsequenz, welche Kant hierin beging, wurde von seinen ersten Gegnern bald bemerkt und zu Angriffen benutzt, denen seine Philosophie keinen Widerstand leisten konnte. Denn allerdings wenden wir zwar völlig a priori und vor aller Erfahrung das Gesetz der Kausalität an auf die in unsern Sinnesorganen empfundenen Veränderungen: aber gerade darum ist dasselbe ebenso subjektiven Ursprungs, wie diese Empfindungen selbst, führt also nicht zum Dinge an sich. Die Wahrheit ist, daß man auf dem Wege der Vorstellung nie über die Vorstellung hinaus kann: sie ist ein geschlossenes Ganzes und hat in ihren eigenen Mitteln keinen Faden, der zu dem von ihr toto genere verschiedenen Wesen des Dings an sich führt. Wären wir bloß vorstellende Wesen, so wäre der Weg zum Ding an sich uns gänzlich abgeschlossen. Nur die andere Seite unseres eigenen Wesens kann uns Aufschluß geben über die andere Seite des Wesens an sich der Dinge.*

Der letzte Satz führt direkt zur Entdeckung und zum Verständnis des Gegenbildes der «Welt als Vorstellung»: der «Welt als Wille». *Dem Subjekt des Erkennens, welches durch seine Identität mit dem Leibe als Individuum auftritt, ist dieser Leib auf zwei ganz verschiedene Weisen gegeben: einmal als Vorstellung in verständiger Anschauung, als Objekt unter Objekten, und den Gesetzen dieser unterworfen; sodann aber auch zugleich auf eine ganz andere Weise, nämlich als jenes Jedem unmittelbar Bekannte, welches das Wort Wille bezeichnet ... Der Wille ist die Erkenntnis a priori des Leibes, und der Leib die Erkenntnis a posteriori des Willens ... Was ich als anschauliche Vorstellung meinen Leib nenne, nenne ich, sofern ich desselben auf eine ganz verschiedene, keiner anderen zu vergleichende Weise mir bewußt bin, meinen Willen; – oder, mein Leib ist die Objektität meines Willens; – oder, abgesehen davon, daß mein Leib meine Vorstellung ist, ist er nur noch mein Wille; u.s.w.* Der Wille aber, den jeder als *das Unmittelbarste seines Bewußtseins* in sich selbst zu erleben vermag, läßt sich auch als innerstes Wesen aller übrigen Erscheinungen der Natur erkennen, nicht nur der Menschen und Tiere. Die *fortgesetzte Reflexion* wird den Denker, der diese Spur verfolgt, dahin leiten, *auch die Kraft, welche in der Pflanze treibt und vegetiert, ja, die Kraft, durch welche der Krystall anschießt, die, welche den Magnet zum Nordpol wendet, die, deren*

Schlag ihm aus der Berührung heterogener Metalle entgegenfährt, die, welche in den Wahlverwandtschaften der Stoffe als Fliehen und Suchen, Trennen und Vereinen erscheint, ja, zuletzt sogar die Schwere, welche in aller Materie so gewaltig strebt, den Stein zur Erde und die Erde zur Sonne zieht, – diese Alle nur in der Erscheinung für verschieden, ihrem inneren Wesen nach aber als das Selbe zu erkennen, als jenes ihm unmittelbar so intim und besser als alles Andere Bekannte, was da, wo es am deutlichsten hervortritt, W i l l e heißt. Diese Anwendung der Reflexion ist es allein, welche uns nicht mehr bei der Erscheinung stehen bleiben läßt, sondern hinüberführt zum D i n g a n s i c h.

Hiermit hat Schopenhauer dem viel berufenen «Ding an sich», das bei Kant als bloßes Abstraktum unerklärt im Leeren hing, einen Bedeutungsinhalt gegeben, der zum mindesten vom menschlichen Bewußtsein konkret empfunden und bis an die Grenze seiner Wahrnehmbarkeit als Wesenskern aller Erscheinung erkenntnismäßig begriffen werden kann. Für das tiefere Verständnis des Verhältnisses zwischen dem Willen und der Erscheinungswelt gibt folgende Betrachtung noch wichtige Aufschlüsse:

Der Wille als Ding an sich ist von seiner Erscheinung gänzlich verschieden und völlig frei von allen Formen derselben, in welche er eben erst eingeht, indem er erscheint, die daher nur seine O b j e k t i t ä t betreffen, ihm selbst fremd sind. Schon die allgemeinste Form aller Vorstellung, die des Objekts für ein Subjekt, trifft ihn nicht; noch weniger die dieser untergeordneten, welche insgesammt ihren gemeinschaftlichen Ausdruck im Satze vom Grunde haben, wohin bekanntlich auch Zeit und Raum gehören, und folglich auch die durch diese allein bestehende und möglich gewordene Vielheit. In dieser letzten Hinsicht werde ich, mit einem aus der alten eigentlichen Scholastik entlehnten Ausdruck Zeit und Raum das p r i n c i p i u m i n d i v i d u a t i o n i s nennen, welches ich ein für alle Mal zu merken bitte. Denn Zeit und Raum allein sind es, mittels welcher das dem Wesen und dem Begriff nach Gleiche und Eine doch als verschieden, als Vielheit neben und nach einander erscheint ... Der Wille als Ding an sich liegt, dem Gesagten zufolge, außerhalb des Gebietes des Satzes vom Grund in allen seinen Gestaltungen, und ist folglich schlechthin grundlos, obwohl jede seiner Erscheinungen durchaus dem Satz vom Grunde unterworfen ist: er ist ferner frei von aller V i e l h e i t, obwohl seine Erscheinungen in Zeit und Raum unzählig sind: er selbst ist Einer ...

Erst im Besitze dieser Einsicht, daß der Wille eine Einheit in sich und ein und derselbe in allen Erscheinungen sei, läßt sich, so verkündet Schopenhauer, der *Sinn der Kantischen Lehre völlig verstehen, daß Zeit, Raum und Kausalität nicht dem Dinge an sich zukommen, sondern nur Formen des Erkennens sind.* Der Wille an und für sich ist also erkenntnislos; sein Wesen ist blindes Streben ohne Ursache und ohne Ziel.

Nun aber zeigt die Welt der Erscheinungen einerseits überall eine

Vielzahl gleichartiger Objekte, andererseits eine stufenreiche Skala ihrer Eigenschaften; es fällt zunächst schwer, angesichts des ungeheuren Unterschiedes, der etwa den Stein vom Menschen trennt, zu denken, daß der in beiden erscheinende Wille einer und derselbe unteilbare sei. Dazu führt Schopenhauer aus:

Die Vielheit der Dinge in Raum und Zeit, welche sämtlich seine O b j e k t i t ä t sind, trifft ... ihn (den Willen) *nicht und er bleibt, ihrer ungeachtet, untheilbar. Nicht ist etwan ein kleinerer Theil von ihm im Stein, ein größerer im Menschen: da das Verhältniß von Theil und Ganzem ausschließlich dem Raum angehört und keinen Sinn mehr hat, sobald man von dieser Anschauungsform abgegangen ist; sondern auch das Mehr und Minder trifft nur die Erscheinung, d. i. die Sichtbarkeit, die Objektivation: von dieser ist ein höherer Grad in der Pflanze, als im Stein; im Thier ein höherer, als in der Pflanze; ja, sein Hervortreten in die Sichtbarkeit, seine Objektivation, hat so unendliche Abstufungen, wie zwischen der schwächsten Dämmerung und dem hellsten Sonnenlicht, dem stärksten Ton und dem leisesten Nachklange sind ... Noch weniger aber, als die Abstufungen seiner Objektivation ihn selbst unmittelbar treffen, trifft ihn die Vielheit der Erscheinungen auf diesen verschiedenen Stufen, d. i. die Menge der Individuen jeder Form, oder der einzelnen Aeußerungen jeder Kraft; da diese Vielheit unmittelbar durch Zeit und Raum bedingt ist, in die er selbst nie eingeht. Er offenbart sich ebenso ganz und ebenso sehr in e i n e r Eiche, wie in Millionen ...* Weiter: *Man hat auf mancherlei Weise versucht, die unermeßliche Größe des Weltgebäudes der Fassungskraft eines Jeden näher zu bringen, und dann Anlaß zu erbaulichen Betrachtungen daher genommen, wie etwan über die relative Kleinheit der Erde und gar des Menschen; dann wieder im Gegensatz hievon, über die Größe des Geistes in diesem so kleinen Menschen, der jene Weltgröße herausbringen, begreifen, ja messen kann, u. dgl. m. Alles gut! Inzwischen ist mir, bei Betrachtung der Unermeßlichkeit der Welt, das Wichtigste Dieses, daß das Wesen an sich, dessen Erscheinung die Welt ist, – was immer es auch seyn möchte, – doch nicht sein wahres Selbst solchergestalt im gränzenlosen Raum auseinandergezogen und zertheilt haben kann, sondern diese unendliche Ausdehnung ganz allein seiner Erscheinung angehört, es selbst hingegen in jeglichem Dinge der Natur, in jedem Lebenden, ganz und ungetheilt gegenwärtig ist; daher eben man nichts verliert, wenn man bei irgend einem Einzelnen stehen bleibt, und auch die wahre Weisheit nicht dadurch zu erlangen ist, daß man die gränzenlose Welt ausmißt, oder, was noch zweckmäßiger wäre, den endlosen Raum persönlich durchflöge; sondern vielmehr dadurch, daß man irgend ein Einzelnes ganz erforscht, indem man das wahre und eigentliche Wesen desselben vollkommen erkennen und verstehen zu lernen sucht.*

Und nun vollzieht Schopenhauer einen Gedankenschritt, von welchem er zwar meint, er habe *sich hier jedem Schüler des Platon schon von selbst aufgedrungen*, der jedenfalls aber einen ebenso unerwarteten wie überzeugenden neuen Aspekt eröffnet. Nach allen voraufgegangenen Erörterungen wird es dem Leser jetzt widerspruchslos einleuchten, wenn der Philosoph lehrt, *daß jene verschiedenen Stufen der Objektivation des Willens, welche in zahllosen Individuen ausgedrückt, als die unerreichten Musterbilder dieser, oder als die ewigen Formen der Dinge dastehen, nicht selbst in Zeit und Raum, das Medium der Individuen, eintretend; sondern fest stehend, keinem Wechsel unterworfen, immer seiend, nie geworden; während jene entstehen und vergehen, immer werden und nie sind; daß, sage ich, diese Stufen der Objektivation des Willens nichts Anderes als Platons Ideen sind.*

Platon

Die (Platonischen) Ideen sind aber in Schopenhauers Interpretation deswegen das über alles individuelle Leben hinausreichende Bleibende, weil sich in ihnen der Wille unmittelbar und vollkommen objektiviert; weil in ihnen der Urwille unmittelbar wirkt und strebt und unaufhörlich die sich selbst gleichbleibenden ewigen Bilder der Naturformen hervorbringt, welchen die einzelnen Individuen zugehören. Wenn das Individuum ausgelöscht wird, so bleibt doch die Gattung bestehen, und in ihr erscheint nach wie vor die Idee. Und da diese von Zeit, Raum und Kausalität nicht berührt wird, mithin nirgends in der Natur unmittelbar enthalten ist, steht sie dem Willen näher als das Individuum. Dem Menschen wird sie erfaßbar nur, sofern er imstande ist, das Individuelle der Erscheinungen zu ignorieren und sein Augenmerk ganz auf das Generelle, Allgemeine, Gleichbleibende im Gleichartigen zu richten. *Da wir ... als Individuen keine andere Erkenntniß haben, als die dem Satz vom Grunde unterworfen ist, diese Form aber die Erkenntniß der Ideen ausschließt; so ist gewiß, daß, wenn es möglich ist, daß wir uns von der Erkenntniß einzelner Dinge zu der der Ideen erheben, solches nur geschehen kann dadurch, daß im Subjekt eine Veränderung vorgeht, welche jenem großen Wechsel der ganzen Art des Objekts entsprechend und analog ist, und vermöge welcher das Subjekt, sofern es eine Idee erkennt, nicht mehr Individuum ist.* Das bedeutet nicht mehr und nicht weniger, als daß im Menschen eine Möglichkeit veranlagt sein kann, seine Gebundenheit in die Anschauungsformen des gewöhnlichen Intellekts zu sprengen; daß es mithin auch eine Vorstellung, unabhängig vom Satze des Grundes gibt. Es muß sich dabei allerdings um einen besonderen Zustand handeln, in welchem die Erkenntniskräfte von ihrer grundsätzlichen Rolle als bloße Diener des Willens gewissermaßen dispensiert sind. *Der ... mögliche, aber nur als Ausnahme zu betrachtende Übergang von der gemeinen Erkenntniß einzelner Dinge zur Erkenntniß der Idee geschieht plötzlich, indem die Erkenntniß sich vom Dienste des Willens losreißt, eben dadurch das Subjekt aufhört ein bloß individuelles zu seyn und jetzt reines, willenloses Subjekt der Erkenntniß ist, welches nicht mehr, dem Satze vom Grunde gemäß, den Relationen nachgeht; sondern in fester Kontemplation des dargebotenen Objekts, außer seinem Zusammenhange mit irgend andern, ruht und darin aufgeht.*

Was es mit der «Losreißung der Erkenntnis vom Dienste des Willens» und dem «reinen willenlosen Subjekt der Erkenntnis» auf sich habe, erklärt Schopenhauer in ausführlicher Auseinandersetzung. Wegen der Bedeutsamkeit dieser Darlegung sei sie, einiger Wiederholungen des schon Zitierten unerachtet, hier angefügt:

Wenn man, durch die Kraft des Geistes gehoben, die gewöhnliche Betrachtungsart der Dinge fahren läßt, aufhört, nur ihren Relationen zueinander, deren letztes Ziel immer die Relation zum eigenen Willen ist, am Leitfaden der Gestaltungen des Satzes vom Grunde, nachzugehen, also nicht mehr das Wo, das Wann, das Warum und das Wozu an den Dingen betrachtet; sondern einzig und allein das W a s; auch nicht das abstrakte Denken, die Begriffe der Vernunft, das Bewußtseyn einnehmen läßt; sondern statt alles diesen, die ganze Macht seines Geistes der Anschauung hingiebt, sich ganz in diese versenkt und das ganze Bewußtseyn ausfüllen läßt durch die ruhige Kontemplation des gerade gegenwärtigen natürlichen Gegenstandes, sei es eine Landschaft, ein Baum, ein Fels, ein Gebäude oder was auch immer; indem man, nach einer sinnvollen Deutschen Redensart, sich gänzlich in diesen Gegenstand v e r l i e r t, d. h. eben sein Individuum, seinen Willen, vergißt und nur noch als reines Subjekt, als klarer Spiegel des Objekts bestehend bleibt; so daß es ist, als ob der Gegenstand allein da wäre, ohne Jemanden, der ihn wahrnimmt, und man also nicht mehr den Anschauenden von der Anschauung trennen kann, sondern beide Eines geworden sind, indem das ganze Bewußtseyn von einem einzigen anschaulichen Bilde gänzlich gefüllt und eingenommen ist; wenn also solchermaaßen das Objekt aus aller Relation zu etwas außer ihm, das Subjekt aus aller Relation zum Willen getreten ist: dann ist, was also erkannt wird, nicht mehr das einzelne Ding als solches; sondern es ist die I d e e, die ewige Form, die unmittelbare Objektität des Willens auf dieser Stufe: und eben dadurch ist zugleich der in dieser Anschauung Begriffene nicht mehr Individuum: denn das Individuum hat sich eben in solche Anschauung verloren: sondern er ist r e i n e s, willenloses, schmerzloses, zeitloses S u b j e k t d e r E r k e n n t n i ß.

Kontemplation, deren gänzlichen Mangel Schopenhauer bei Kant beklagte – hier wird ersichtlich, welche außerordentliche Bedeutung ihr für eine höhere Art von Erkenntnis, als die normale Tätigkeit des Intellekts vermitteln kann, zukommt. Die kontemplative Anschauung oder auch meditative Versenkung ermöglicht in Einem die Befreiung des einzelnen Menschen aus den Fesseln der Einzelheit, das heißt aber: der Gebundenheit in Zeit, Raum und Ursächlichkeit, und die direkte Begegnung mit den Ideen. Und wenn die dem gewöhnlichen Bemühen des denkenden Individuums zugängliche «Welt als Vorstellung», wenn die *Vorstellung, unterworfen dem Satz vom Grunde* das Objekt der Erfahrung und Wissenschaft ist, so die eben beschriebene *Vorstellung, unabhängig vom Satze des Grundes, die Platonische Idee: das Objekt der Kunst.* Dementsprechend, daß die Losreißung der Erkenntnis vom Dienste des Willens ausdrücklich als Ausnahmefall gekennzeichnet werden mußte, fragt der Philosoph, welche Erkenntnisart das *allein eigentlich Wesentliche der Welt, den wahren Gehalt ihrer Erscheinungen, das keinem Wechsel Unterworfene und daher für alle Zeit mit gleicher Wahrheit Erkannte* betrachte; und er antwortet: *Es ist die Kunst, das Werk des Genius.* Das schon einmal angerührte künstlerische Element in Schopenhauers ganzer Denkart und Denktechnik offenbart sich wahrhaft leuchtend in dieser Definition des Genies, nach welcher also Genialität *vollkommenste Objektivität* ist. Sie allein – mit welcher ja Schopenhauers gesamte Kunstphilosophie engstens verknüpft ist – würde genügen, die Tatsache zu erklären, daß von jeher, weit mehr als die Schulphilosophen, schöpferische Künstler der Schopenhauerschen Gedankenwelt angehangen sind und ihr bedingungslose Verehrung gezollt haben.

Es versteht sich, daß das Verständnis der Kunst, die Fähigkeit, Kunst aufzufassen und zu genießen, ähnliche Voraussetzungen haben muß wie die Entstehung von Kunstwerken. *Wir müssen daher in allen Menschen, wenn es nicht etwan welche giebt, die durchaus keines ästhetischen Wohlgefallens fähig sind, jenes Vermögen, in den Dingen ihre Ideen zu erkennen, und eben damit sich ihrer Persönlichkeit augenblicklich zu entäußern, als vorhanden annehmen. Der Genius hat vor ihnen nur den viel höheren Grad und die anhaltendere Dauer jener Erkenntnißweise voraus, welche ihn bei derselben die Besonnenheit behalten lassen, die erfordert ist, um das so Erkannte in einem willkürlichen Werk zu wiederholen, welche Wiederholung das Kunstwerk ist.*

Von dem Kerngedanken aus, *daß aus dem Kunstwerk die Idee uns leichter entgegentritt als unmittelbar aus der Natur und der Wirklichkeit* entwickelt Schopenhauer seine philosophische Betrachtung des Schönen und Erhabenen in der Natur und in der Kunst sowie seine Ästhetik der verschiedenen Künste. Es ist hier nicht nötig, den überaus gründlichen Darlegungen des Schönen, der menschlichen Schönheit, des «Ideals», der Natur als Quelle ästhetischer Eindrücke, des Erhabenen, Reizenden usw., vor allem den Erörterungen über das Wesen der Baukunst und der anderen bildenden Künste (Landschaftsmalerei, Tiermalerei, Historienmalerei, Bildhauerei) oder über die Dichtkunst (Lyrik, Epik, Dramatik) nachzugehen, die sämtlich das gleiche bezeugen: das Wesen der Künste als unmittelbarer stofflicher Verkörperung der Ideen. Aber mit einer großen Ausnahme: der Musik. Sie nimmt unter allen Künsten eine durchaus unvergleichliche Sonderstellung ein. Denn während jene die Vorbilder ihrer Gebilde in der Natur vorfinden, in deren individuellen Erscheinungen das *reine, willenlose Subjekt der Erkenntniß* die Ideen erschaut, welche die künstlerische Phantasie dann zu sinnlicher Anschaubarkeit bringt, gibt es keinerlei natürliches Vorbild für die Musik. Sie hat daher auch mit der Erscheinung der Ideen nichts zu tun. Indem sie mithin von der erscheinenden Welt ganz unabhängig, auch die Region der Ideen nicht berührt, könnte sie daher *gewissermaßen, auch wenn die Welt gar nicht wäre, doch bestehen: was von den andern Künsten sich nicht sagen läßt. Die Musik ist nämlich eine so unmittelbare Objektivation und Abbild des ganzen Willens, wie die Welt selbst es ist, ja wie die Ideen es sind, deren vervielfältigte Erscheinung die Welt der einzelnen Dinge ausmacht. Die Musik ist also keineswegs, gleich den anderen Künsten, das Abbild der Ideen; sondern Abbild des Willens selbst, dessen Objektität auch die Ideen sind: deshalb eben ist die Wirkung der Musik so sehr viel mächtiger und eindringlicher, als die der anderen Künste: denn diese reden nur vom Schatten, sie aber vom Wesen.*

Wie fest verankert im persönlichen Erleben Schopenhauers seine Philosophie ist, ist auch hier wieder zu bemerken, wenn man sich eines Briefes des Hamburger Kaufmannslehrlings an seine Mutter erinnert, worin er schreibt: *Wie fand das himmlische Samenkorn Raum auf unserm harten Boden, auf welchem Notwendigkeit und Mangel um jedes Plätzchen streiten? Wir sind ja verbannt vom Urgeist und sollen nicht zu ihm empordringen ... Und doch hat ein mitleidender Engel die himmlische Blume für uns erfleht und sie prangt hoch in voller Herrlichkeit auf diesem Boden des Jammers gewurzelt. – Die Pulsschläge der göttlichen Tonkunst haben nicht aufgehört zu schlagen durch die Jahrhunderte der Barbarei und ein unmittelbarer Widerhall des Ewigen ist uns in ihr geblieben, jedem Sinn verständlich und selbst über Laster und Tugend erhaben.*

Der *Boden des Jammers*, so früh schon als solcher entdeckt und empfunden, ist es nun, um welchen sich der letzte große Hauptabschnitt der *Welt als Wille und Vorstellung* dreht. Er steht unter dem Leitgedanken: *Bejahung und Verneinung des Willens* und spricht in der Überschrift aus, daß diese Betrachtung *bei erreichter Selbsterkenntniß* fällig sei. Das will heißen: da das Subjekt sich selbst nicht als erkennendes, sondern nur als wollendes zu erkennen vermag, so sieht es sich, nachdem es das Wirken des Willens in seinem eigenen Wesen durchschaut hat, vor die Frage gestellt, welche Folgerung es als erkennendes aus dieser Erkenntnis zu ziehen habe. Für diese Überlegung ist auszugehen davon, daß *der Wille, welcher rein an*

Schopenhauer um 1818. Gemälde von Ludwig Sigismund Ruhl

sich betrachtet, erkenntnißlos und nur ein blinder, unaufhaltsamer Drang ist, wie wir ihn noch in der unorganischen und vegetabilischen Natur und ihren Gesetzen, wie auch im vegetativen Theil unseres eigenen Lebens erscheinen sehen, durch die hinzugetretene, zu seinem Dienst entwickelte Welt der Vorstellung die Erkenntniß von seinem Wollen erhält und von dem was es sei, das er will, daß es nämlich nichts Anderes sei, als diese Welt, das Leben, gerade so wie es dasteht. Da nun aber der Wille als zeitloses Ding an sich unveränderlich ist, so wird auch das, was er will, und was er in seinen Erscheinungsformen bewirkt, dem Wesen nach unveränderlich sein; wodurch jede Hoffnung entfällt, daß *das Leben, gerade so wie es dasteht* einmal anders, erfreulicher, erträglicher aussehen werde. Andererseits ist der Wille, der in seinen Erscheinungen der Notwendigkeit unterworfen ist, an sich selbst *frei, ja allmächtig.* Und *diese Freiheit, diese Allmacht, als deren Äußerung und Abbild die ganze sichtbare Welt, ihre Erscheinung, dasteht und den Gesetzen gemäß, welche die Form der Erkenntniß mit sich bringt, sich fortschreitend entwickelt* (notabene: die Erscheinung, die sichtbare Welt macht eine gewisse Entwicklung durch, die aber ihr Wesen nicht tangiert) – diese Allmacht also *kann nun auch, und zwar da, wo ihr, in ihrer vollendetsten Erscheinung, die vollkommen adaequate Kenntniß ihres eigenen Wesens aufgegangen ist, von Neuem sich äußern, indem sie nämlich entweder auch hier, auf dem Gipfel der Besinnung und des Selbstbewußtseyns, das Selbe will, was sie blind und sich selbst nicht kennend wollte, wo dann die Erkenntniß, wie im Einzelnen, so im Ganzen, für sie stets Motiv bleibt; oder aber auch umgekehrt, diese Erkenntniß wird ihr ein Quietiv, welches alles Wollen beschwichtigt und aufhebt.*

Bejahung oder Verneinung des Willens dokumentieren sich in verschiedenen Tatsachen, Verhaltens- und Handlungsweisen. *Das Grundthema aller mannigfaltigen Willensakte ist die Befriedigung der Bedürfnisse, welche vom Daseyn des Leibes in seiner Gesundheit unzertrennlich sind, schon in ihm ihren Ausdruck haben und sich zurückführen lassen auf Erhaltung des Individuums und Fortpflanzung des Geschlechts. Allein mittelbar erhalten hiedurch die verschiedenartigsten Motive Gewalt über den Willen und bringen die manigfaltigsten Willensakte hervor. Jeder von diesen ist nur eine Probe, ein Exempel, des hier erscheinenden Willens überhaupt: welcher Art diese Probe sei, welche Gestalt das Motiv habe und ihr mittheile, ist nicht wesentlich; sondern nur, daß überhaupt gewollt wird, und mit welchem Grade der Heftigkeit, ist hier die Sache.*

Daß überhaupt gewollt wird, und mit welchem Grade der Heftigkeit: dies in der Tat ist der Kernpunkt der ganzen Frage! Solange der Mensch Bedürfnisse empfindet und ihnen nachzugeben nicht unterlassen kann; solange er Befriedigung seiner Triebe, Wünsche und Sehnsüchte sucht; solange er solche auch nur empfindet, und glaubt, daß irgendwann und irgendwie sein Streben und Sichmühen eine Erfüllung finden, in einen Zustand der Zufriedenheit, des «Glücks» münden werde – solange lebt er, gleichviel ob bewußt oder unbewußt, in der Bejahung des Willens und damit des Lebens schlechthin. Was der erkenntnislose Wille will, das eben spricht das Leben aus, indem es sich selbst fortgesetzt aus dem Zusammenwirken aller jener niemals stillbaren Bedürfnisse, Triebe, Wünsche, Sehnsüchte und Leidenschaften nährt und in Bewegung erhält. Dabei verdient es besondere Beachtung – als Zeichen der Stärke, mit welcher der Wille zum Leben sich zu behaupten strebt –, daß gerade bei den Menschen mit hochentwickelter Intelligenz und vorzüglicher Erkenntniskraft auch die willensmäßigen Impulse – sei es in Form der animalischen Instinkte, sei es in Gestalt der feineren Empfindungen, sei es in den Regungen des Gewinnstrebens, der Habsucht, des groben oder des subtileren Ehrgeizes und des Geltungstriebes – sich häufig mit gesteigerter Macht zu äußern pflegen. Wobei die verschiedenen Stufen der geschlechtlichen Liebe eine hervorragende Rolle spielen; was sich daraus erklärt, daß der Geschlechtstrieb ja, in einem gewissen Sinne noch vor dem Ernährungstrieb, das allerstärkste Movens der generellen Selbsterhaltung, die unwiderstehlichste Zwangsform der Lebensbejahung ist. Zugleich aber zeigt gerade dieser Trieb mit seiner eigentlichen Unersättlichkeit wie in symbolhafter Verdichtung den chimärischen Charakter aller Wunschbefriedigung in diesem Dasein. Sowohl dadurch, daß er unter dem Anschein einer ganz sonderlich das Individuum betreffenden Sache doch lediglich dem Interesse der Gattung, der Fortpflanzung des Menschengeschlechts, der Perpetuierung des Lebenwollens dient; als auch dadurch, daß er durch keine augenblickliche Erfüllung zur Ruhe kommt. Das letztere insbesondere gilt für alles irdische Wollen, Wünschen und Wähnen schlechthin. Daraus folgt, daß nicht die Freuden, sondern die Leiden vorherrschend sind; schon deshalb, weil den Freuden keine positive Bedeutung zukommt, sie vielmehr insofern durchaus negativer Natur sind, als *jeder Wunsch aus einem Bedürfnis, einem Mangel, einem Leiden hervorgeht* und *jede Befriedigung nur ein hinweggenommener Schmerz, kein gebrachtes positives Glück ist* ... Die Freuden *lügen zwar dem Wunsche, sie wären ein positives Gut*; aber in Wahrheit sind sie nur immer *das Ende eines Übels.* Und das, wie gesagt, stets auch nur für den Augenblick, bis zum baldigen Wiedererwachen des Entbehrens und Begehrens. Daß *dem Leben im Ganzen das Leiden wesentlich und von ihm unzertrennlich* sei, möchte, nach dieser Aufrechnung, ein nicht leicht anzufechtender Lehrsatz sein. Wie auch, in diesem Zusammenhange, die Behauptung viel für sich hat, daß die Menschen – zumal noch in Anbetracht der Langeweile, welcher die meisten von ihnen anheimfallen, sobald sie einmal vom Druck des Leidens befreit zu sein scheinen – wahrscheinlich weit weniger lebenswillig wären, als sie sind, wenn nicht die Geschlechtslust für beständige Erneuerung der Willensbejahung sorgte und vor dem Ausgang nicht die Furcht vor dem Tode stände; diese völlig sinnlose Furcht, welche, gleich der Geschlechtslust, als eine List der Natur zugunsten der Lebenserhaltung verstanden werden kann, da sie den meisten Menschen das schlechteste Dasein immer noch als das kleinere Übel erscheinen läßt gegenüber dem Nichtsein. Übrigens aber hieße es die Verneinung des Willens zum Leben sehr mißverstehen, wenn man etwa den Selbstmord für eine ihr gemäße Handlung hielte. *Weit entfernt, Verneinung des Willens zu seyn, ist dieser ein Phänomen starker Bejahung des Willens. Denn die Verneinung hat ihr Wesen nicht darin, daß man die Leiden, sondern daß man die Genüsse des Lebens verabscheut. Der Selbstmörder will das Leben und ist bloß mit den Bedingungen unzufrieden, unter denen es ihm geworden ist. Daher giebt er keineswegs den Willen zum Leben auf, sondern bloß das Leben, indem er die einzelne Erscheinung zerstört. Er will das Leben, will des Leibes ungehindertes Daseyn und Bejahung; aber die Verflechtung der Umstände läßt dieses nicht zu, und ihm entsteht großes Leiden. Der Wille zum Leben selbst findet sich in dieser einzelnen Erscheinung so sehr gehemmt, daß er sein Streben nicht entfalten kann. Daher entscheidet er sich gemäß seinem Wesen an sich, welches außerhalb der Gestaltungen des Satzes vom Grunde liegt, und dem daher jede einzelne Erscheinung gleichgültig ist...*

Einen in gewisser Hinsicht umgekehrten (wenngleich in anderer Beziehung wieder analogen) Fall zum Selbstmörder stellt der Egoist dar, dessen Bejahung des eigenen Willens sich bis zur Verneinung des Willens in den anderen Individuen gesteigert hat. Alles Unrecht, das stets auf egoistischen Antrieben beruht, ist Einbruch in die Grenzen fremder Willensbejahung, sei es durch Gewalt, sei es durch List. Alle Äußerungsformen des Egoismus, ob sie nun durch Motive der Herrschsucht, der Habsucht, des Neides, Hasses oder purer Bosheit bestimmt sein mögen, besagen eben dasselbe: die Übersteigerung der Lebensbejahung für das eigene Individuum auf Kosten des gleichen Bejahungsanspruchs der anderen. Egoismus aber – als direkte Auswirkung des blinden Willensstrebens in der individuellen Erscheinung – ist die eigentlich natürlichste und daher am weitesten verbreitete Eigenschaft der Menschen. Und so läßt sich die pessimistische Bilanz begreifen: *Will man wissen, was die Menschen, moralisch betrachtet, im Ganzen und Allgemeinen werth sind; so betrachte man ihr Schicksal, im Ganzen und Allgemeinen. Dieses ist Mangel, Elend, Jammer, Quaal und Tod. Die ewige Gerechtigkeit waltet: wären sie nicht, im Ganzen genommen, nichtswürdig; so würde ihr Schicksal, im Ganzen genommen, nicht so traurig seyn. In diesem Sinne können wir sagen: die Welt selbst ist das Weltgericht. Könnte man allen Jammer der Welt in eine Waagschale legen, und alle Schuld der Welt in die andere; so würde gewiß die Zunge einstehen.*

Im Ganzen und Allgemeinen – es wird nicht abgestritten, daß es auch Güte, Redlichkeit, Rechtlichkeit, Edelmut und andere schöne Eigenschaften gibt. Doch fallen diese, zumal in so entscheidender Ausbildung, daß sie den natürlichen Egoismus aufheben, außerhalb der Regel, und reichen nicht aus, dem Gesamtbild einen erfreulicheren Inhalt zu geben. Ihrer Ungewöhnlichkeit halber bedürfen sie einer besonderen Erklärung. Sie führt von der zunächst banal klingenden Feststellung, daß ein uneigennützig handelnder Mensch, *weniger als sonst geschieht, einen Unterschied macht zwischen Sich und Anderen,* zu tiefer lotenden Gedanken, an deren Faden der Nachdenkende dem Angelpunkte des zur Erörterung stehenden Dilemmas – sofern ein solches als gegeben gelten soll – immer näher gebracht wird. Und zugleich stellt sich die große, so oft und kaum je befriedigend von den Philosophen aller Richtungen behandelte Grundfrage der Moral und ihrer stichhaltigen Begründung überraschend einfach und überzeugend dar. Da heißt es also über den edlen, gütigen, selbstlosen Menschen: *Er wird inne, daß der Unterschied zwischen ihm und Andern, welcher dem Bösen eine so große Kluft ist, nur einer vergänglichen, täuschenden Erscheinung angehört: er erkennt, unmittelbar und ohne Schlüsse, daß das Ansich seiner eigenen Erscheinung auch das der fremden ist, nämlich jener Wille zum Leben, welcher das Wesen jeglichen Dinges ausmacht und in Allem lebt; ja, daß dieses sich sogar auf die Thiere und die ganze Natur erstreckt: daher wird er auch kein Thier quälen. Er ist jetzt so wenig im Stande, Andere darben zu lassen, während er selber Überflüssiges und Entbehrliches hat, wie irgend Jemand einen Tag Hunger leiden wird, um am folgenden mehr zu haben, als er genießen kann. Denn Jenem, der die Werke der Liebe übt, ist der Schleier der Maja durchsichtig geworden, und die Täuschung des principii individuationis hat ihn verlassen... Wenn nun also Andere Moralprincipien aufstellten, die sie als Vorschriften zur Tugend und nothwendig zu befolgende Gesetze hingaben, ich aber... dergleichen nicht kann, indem ich dem ewig freien Willen kein Soll noch Gesetz vorzuhalten habe; so ist dagegen, im Zusammenhange meiner Betrachtung, das jenem Unternehmen gewissermaßen Entsprechende und Analoge jene rein theoretische Wahrheit, als deren bloße Ausführung auch das Ganze meiner Darstellung angesehen werden kann, daß nämlich der Wille das Ansich jeder Erscheinung, selbst aber, als solches, von den Formen dieser und dadurch von der Vielheit frei ist: welche Wahrheit ich, in Bezug auf das Handeln, nicht würdiger auszudrükken weiß, als durch die... Formel des Veda: «Tat twam asi!» («Dieses bist Du!») Wer sie mit klarer Erkenntniß und fester inniger Überzeugung über jedes Wesen, mit dem er in Berührung kommt, zu sich selber auszusprechen vermag; der ist eben damit aller Tugend und Seligkeit gewiß und auf dem geraden Wege zur Erlösung.*

Wie ohnehin das *reine willensfreie Erkennen... das einzige reine Glück ist, dem weder Leiden noch Bedürfniß vorhergeht, noch auch Reue, Leiden, Leere, Überdruß nothwendig folgt* – ein Glück, das freilich nicht das ganze Leben, sondern bloß Augenblicke desselben füllen kann –; so lenkt die *klare Erkenntniß* von der eigentlichen Wesensgleichheit aller Lebewesen, durchdrungen von der moralischen Kraft des Mitgefühls, den auswegsuchenden Blick auf das befreiende Ziel bewußter Selbstentäußerung, der faktischen Überwindung der Einzelheit. So verstanden, dürfte die vollentwickelte Tugend der Selbstlosigkeit, gleichviel ob sie nur aus guter Charakteranlage oder aus *klarer Erkenntniß* oder aus dem Zusammenwirken beider hervorging, schon als Anfang der Heiligkeit aufzufassen sein, deren inneres Wesen ja *Selbstverleugnung, Ertödtung des Eigenwillens, Askesis* ist und daher die Grundzüge der konsequenten Verneinung des Willens zum Leben in sich enthält, wie auch die schlichteste Selbstlosigkeit Grundzüge aller genannten Merkmale der Heiligkeit.

Die pessimistische Weltansicht, aus welcher Schopenhauer mit dem Aufruf zur «Verneinung des Willens zum Leben» die wirklich einzig logische Konsequenz gezogen hat, widerspricht der platten, opportunistischen Haltung der meisten Menschen unseres positivistischen, vorwiegend plump-materialistisch und darum brutal-egoistisch gesonnenen Zeitalters in demselben Grade, in welchem sie sich auf fundamentale Elemente der kirchlichen Glaubenslehren berufen kann. Bei allem, was der Philosoph darüber äußert, ist hinter seinen wohlabgewogenen Worten immer das stärkstens engagierte moralische Empfinden mit zu vernehmen, das seinem Denken ein so hohes Maß von menschlicher Glaubwürdigkeit verleiht. So, wenn er gesteht, daß ihm *der Optimismus, wo er nicht etwan das gedankenlose Reden Solcher ist, unter deren platten Stirnen nichts als Worte herbergen, nicht bloß als eine absurde, sondern auch als eine wahrhaft ruchlose Denkungsart erscheint, als ein bitterer Hohn über die namenlosen Leiden der Menschheit.* Zu diesem Thema sagt er weiter: *Man denke nur ja nicht etwan, daß die christliche Glaubenslehre dem Optimismus günstig sei; da im Gegenteil in den Evangelien Welt und Uebel beinahe als synonyme Ausdrücke gebraucht werden... Wirklich ist die Lehre von der Erbsünde (Bejahung des Willens) und von der Erlösung (Verneinung des Willens) die große Wahrheit, welche den Kern des Christentums ausmacht... In diesem Glauben liegt also zuvörderst, daß unser Zustand ein ursprünglich und wesentlich heilloser ist, der Erlösung aus welchem wir bedürfen...* Man möchte meinen, die Stimme des Philosophen vor Empörung zittern zu hören, wenn er dagegen protestiert, daß man *dieser Welt, diesem Tummelplatz gequälter und geängstigter Wesen, welche nur dadurch bestehen, daß eines das andere verzehrt, wo daher jedes reißende Thier das lebendige Grab tausend anderer und seine Selbsterhaltung eine Kette von Martertoden ist, wo sodann mit der Erkenntniß die Fähigkeit Schmerz zu empfinden wächst, welche daher im Menschen ihren höchsten Grad erreicht und einen umso höheren, je intelligenter er ist,* das System des Optimismus habe anpassen und sie uns als die beste unter den möglichen habe andemonstrieren wollen. Schopenhauer hat hier insbesondere Leibniz mit seiner auf religiöse Grundbegriffe gestützten Annahme einer *von der Central-Monade prästabilirten Harmonie* im Auge, und er zieht – wie auch sonst nicht selten und stets mit nachdrücklicher Empfehlung – *Kants ruhmwürdigen Vorläufer* David Hume als Kronzeugen heran, der *mit sehr triftigen und dennoch ganz andersartigen Argumenten als die meinigen, die trübsälige Beschaffenheit dieser Welt und die Unhaltbarkeit alles Optimismus* dargelegt habe. Doch mehr als alle derartigen Hinweise auf große Vordenker vermögen immer wieder die eigenen Formulierungen unseres Philosophen zur Begründung seines Fazits, daß *dem Seyn das Nichtseyn entschieden vorzuziehen sei* den Leser, vor allem den geistesverwandten, zu beeindrucken:

David Hume. Schabkunstblatt von David Martin nach Allan Ramsay

Wenn die Welt nicht etwas wäre, das, praktisch ausgedrückt, nicht seyn sollte; so würde sie auch nicht theoretisch ein Problem seyn: vielmehr würde ihr Daseyn entweder gar keiner Erklärung bedürfen, indem es sich so gänzlich von selbst verstände, daß eine Verwunderung darüber und Frage danach in keinem Kopfe aufsteigen könnte; oder der Zweck desselben würde sich unverkennbar darbieten. Statt dessen aber ist sie sogar ein unauflösliches Problem; indem selbst die vollkommenste Philosophie stets noch ein unerklärtes Element enthalten wird, gleich einem unauflöslichen Niederschlag, oder dem Rest, welchen das irrationale Verhältniß zweier Größen stets übrig läßt. Daher, wenn Einer wagt die Frage aufzuwerfen, warum nicht lieber gar nichts sei, als diese Welt; so läßt die Welt sich nicht aus sich selbst rechtfertigen, kein Grund, keine Endursache ihres Daseyns in ihr selbst finden, nicht nachweisen, daß sie ihrer selbst wegen d. h. zu ihrem eigenen Vortheil dasei.

Da es nun so ist, und das menschliche Dasein, *weit entfernt den Charakter eines Geschenks zu tragen*, vielmehr *ganz und gar den einer kontrahierten S c h u l d* hat, so entspringt aus dieser Überlegung beinahe etwas wie wiederum eine m o r a l i s c h e Verpflichtung, diese Schuld zu löschen – also das Dasein abzulegen, die Erscheinung aufzuheben. Dies kann nur geschehen durch bewußte Ausübung der A s k e s e im allerweitesten Sinne. Das heißt: Unterdrückung aller natürlichen Triebe, an der Spitze: des Geschlechtstriebs; Einschläferung aller Leidenschaften; Abtötung alles Begehrens und Wollens; Besänftigung aller Empfindungen; Herstellung absoluter Ruhe des Gemüts. Und das Mittel dazu, das einzig mögliche und wirksame, bietet der sehend gewordene Intellekt. Denn d u r c h g a r n i c h t s anderes kann der Wille zum Schweigen gebracht, überwunden, aufgehoben werden als durch die Erkenntnis. Darum auch kann die Erlösung allein durch den Menschen selbst bewirkt werden als das einzige Lebewesen, das dank der Gabe der Vernunft, der Fähigkeit der Begriffsbildung, des Gedächtnisses, der Vorausschau und damit der Erweiterung des Bewußtseins über die Gegenwart (den engen Bewußtseinsraum des Tieres und die allgemeine Form des Lebens überhaupt) hinaus das eigene Wesen und damit das Wesen der Welt zu durchschauen vermag. Was aber dann weiter? – *Wir ... die wir ganz und gar auf dem Standpunkt der Philosophie stehen bleiben, müssen uns hier mit der negativen Erkenntniß begnügen, zufrieden, den letzten Gränzstein der positiven erreicht zu haben. Haben wir also das Wesen an sich der Welt als Wille, und in allen ihren Erscheinungen nur seine Objektität erkannt, und diese verfolgt vom erkenntnißlosen Drange dunkler Naturkräfte bis zum bewußtvollsten Handeln des Menschen; so weichen wir keineswegs der Konsequenz aus, daß mit der freien Verneinung, dem Aufgeben des Willens, nun auch alle jene Erscheinungen aufgehoben sind, jenes beständige Drängen und Treiben ohne Ziel und ohne Rast, auf allen Stufen der Objektität, in welchem und durch welches die Welt besteht, aufgehoben die Mannigfaltigkeit stufenweise folgender Formen, aufgehoben mit dem Willen seine ganze Erscheinung, endlich auch die allgemeinen Formen dieser, Zeit und Raum, und auch die letzte Grundform derselben, Subjekt und Objekt. Kein Wille: keine Vorstellung, keine Welt.* – – –

Dem außerordentlichen Werke, dessen allerletztes Wort bezeichnenderweise *Nichts* lautet, hat Schopenhauer noch eine *Kritik der Kantischen Philosophie* angehängt. Ihr Zweck ist, nachzuweisen, daß er, Schopenhauer, der doch «das Beste seiner eigenen Entwickelung, nächst dem Eindrucke der anschaulichen Welt, sowohl dem der Werke Kants, als dem der heiligen Schriften der Hindu und dem Platon verdanke», überall, wo er sich in Widerspruch zu Kant gesetzt habe, in dessen System Irrtümer und Fehler aufdecken müsse. Dem Verfasser der *Welt als Wille und Vorstellung* ist es dabei, dem Motiv nach, weniger um die Widerlegung Kants als um die Rechtfertigung der eigenen, abweichenden Ansichten zu tun. Diese betreffen neben den Punkten, welche schon im vorstehenden Umriß des Hauptwerkes Erwähnung fanden, solche, deren noch bei späterer Gelegenheit zu gedenken sein wird. Es braucht daher, im engen Rahmen dieser Monographie, darauf hier nicht näher eingegangen zu werden.

ERSTE ITALIENREISE

Am 23. September 1818 brach Schopenhauer zu seiner wohlverdienten Erholungsreise auf. Von der aufgeräumten Stimmung, welche ihn, im Bewußtsein der bewältigten Leistung, auf dieser Fahrt be-

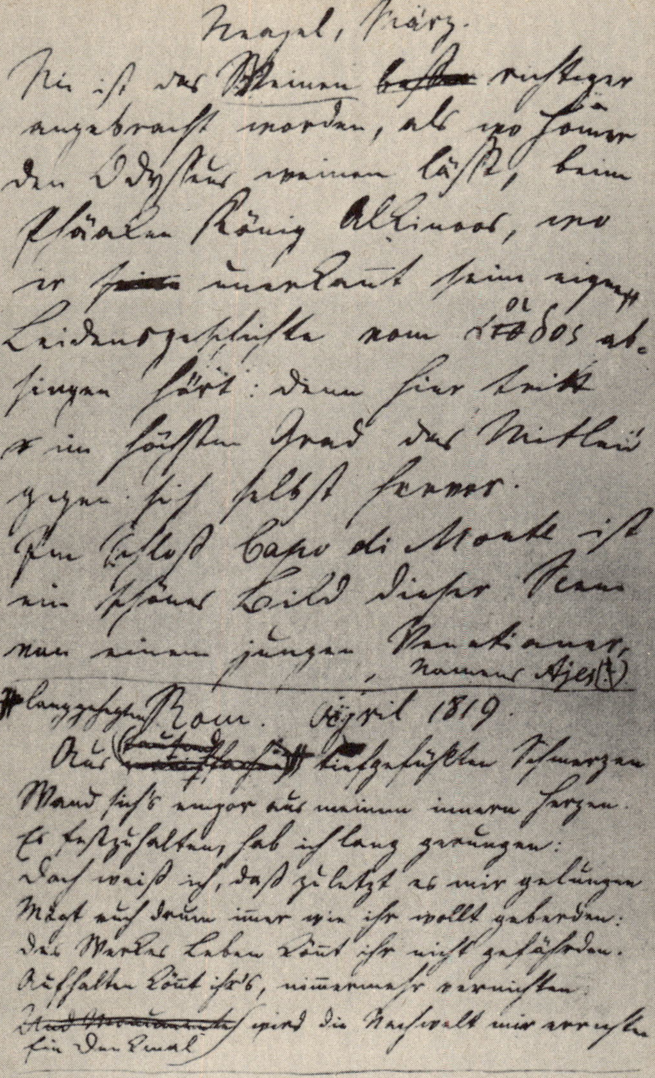

Neapel, März.
Nie ist das Weinen richtiger angebracht worden, als wo Homer den Odysseus weinen läßt, beim phäakischen König Alkinoos, wo er unerkannt seine eignen Leidensgeschichte vom Aöδos absingen hört: denn hier tritt er im höchsten Grad der Wehmuth gegen sich selbst hervor.
Im Schloß Capo di Monte ist ein schönes Bild dieser Scene von einem jungen Venetianer, namens Ajes(?).

Rom. April 1819.
Aus tiefgefühlten Schmerzen
Wand sich's empor aus meinem innern Herzen.
Es festzuhalten hab ich lang gerungen:
Doch weiß ich, daß zuletzt es mir gelungen.
Mag auch denn immer wie ihr wollt geberden:
Das Werk aber könnt ihr nicht gefährden.
Aufhalten könnt ihr's, nimmermehr vernichten.
Für das Denkmal wird die Nachwelt mir errichten.

Aus dem «Reisebuch» (1818–19)

herrschte, kündet ein Gedicht, das er im April 1819 zwischen Neapel und Rom niederschrieb:

Unverschämte Verse

Aus langgehegten, tiefgefühlten Schmerzen
Wand sich's empor aus meinem innern Herzen.
Es festzuhalten hab' ich lang' gerungen:
Doch weiß ich, daß zuletzt es mir gelungen.
Mögt euch drum immer wie ihr wollt gebärden:
Des Werkes Leben könnt ihr nicht gefährden.
Aufhalten könnt ihr's, nimmermehr vernichten:
Ein Denkmal wird die Nachwelt mir errichten.

Mit offenen, aufnahmewilligen Sinnen gab sich Schopenhauer während dieser fast einjährigen Reise – über Wien nach Venedig, Florenz, Bologna, Rom, Neapel, Paestum, nochmals zurück nach Venedig, endlich über Mailand heimwärts – den Eindrücken der Landschaft, der Architektur, der Kunstschätze aller Art in den historischen Bauwerken wie in den öffentlichen Sammlungen hin; nach seiner stets geübten Gewohnheit: durch gründliche Studien vorbereitet. In Rom und in Neapel besonders aber pflegte der «misanthropische Weise» auch wieder lebhafte Geselligkeit und genoß die Freuden geistreichen Verkehrs, vor allem mit jungen Engländern. Doch schenkte das einmal wohlgelaunte Geschick ihm obendrein ein Erlebnis, das sein jetzt entspannteres Lebensgefühl in ungewohnte Wallung brachte. Ungewöhnlich mutet auch die Mitteilsamkeit an, mit welcher er die Schwester Adele wenigstens andeutungsweise darüber in sein Vertrauen zog. Diese reagierte mit feinem Takt auf die «wunderbar weiche Stimmung» seines Berichtes und äußerte sich: «Da schreibst Du närrischer Mensch, a u ß e r mir hättest Du nie eine Frau ohne Sinnlichkeit geliebt. Ich habe sehr gelacht. Möchte aber fragen, ob Du mich denn wohl, wenn ich nicht Deine Schwester wäre, hättest lieben können; denn am Ende gibts Frauen genug, die höher stehen als ich. Wenn also mein eigentliches Wesen und nicht der Schwestername mir Deine Neigung gab, könntest Du eine andere lieben, fast – sieh, ich sage f a s t, ebenso lieben. Das Mädchen, die du nennst, jammert mich sehr, ich hoffe zu Gott, Du hast sie nicht betrogen; denn Du bist ja gegen alles w a h r, warum denn gegen so ein armes schwaches Ding nicht? Was Du für Kleinigkeiten von Deiner Frau forderst! Nur eben alles, wie alle. Doch wäre, dünkt mich, sehr leicht ein Mädchen zu finden, die einem großen Teil Deiner Wünsche entspräche, der Zufall walte nur – ihr findet eher zehn Frauen als wir einen Mann. Häusliches Glück ist wohl das Schönste, was uns dies Dasein gibt, und die meisten gehen stumm, ohne Klage hin und haben es nicht und dürfen es nicht einmal s u c h e n.» – Das Liebesabenteuer, von dem hier die Rede ist, setzte dem erregbaren Manne schwer zu. In einem späteren Brief kam Adele noch einmal darauf zurück: «... ich ließe vielleicht an Deiner Stelle den Traum nicht los, denn wenn es möglich ist, glücklich zu sein, so soll man genießen. Beides, Entbehren und Genießen ganz und rein, ohne Umschränkung, wie es das Leben gibt! Darum wer weiß, ob ich nicht nach Venedig eilte! Ich wüßte gern, wie Dir dort das Herz gebunden ward, denn nie habe ich eine solche Leidenschaft in Dir für möglich gehalten. Geht es aber nicht, so schweige nur fort ...»

Lord Byron

Über den Gegenstand der venezianischen Passion ist nicht mehr gewiß, als daß es sich um eine Theresa handelte. Dies war aber auch der Vorname jener Gräfin Guiccioli, die im März 1819, einen Monat bevor Schopenhauer zum zweitenmal nach Venedig kam, ebendort mit Lord Byron bekannt wurde. Dem Baron Robert von Hornstein erzählte der Philosoph nachmals: *Ich hatte einen Empfehlungsbrief an Byron von Goethe. In Venedig wollte ich mit Goethes Brief zu ihm, als ich es eines Tages ganz aufgab. Mit meiner Geliebten ging ich auf dem Lido spazieren, als meine Dulcinea in der größten Aufregung aufschrie: «Ecco il poeta inglese»: Byron sauste zu Pferde an mir vorüber, und die Donna konnte den ganzen Tag diesen Eindruck nicht loswerden. Da beschloß ich, Goethes Brief nicht abzugeben. Ich fürchtete mich vor Hörnern. Was hat mich das schon gereut!* – Den tieferen Grund, warum Schopenhauer, obwohl der Lockung «häuslichen Glücks» keineswegs unzugänglich, es zu keiner dauernden Bindung kommen ließ, hat Gwinner in seiner verständnisvollen Art und zweifellos im rechten Sinne ausgedrückt, indem er schreibt: «Noch im späten Alter überkam ihn eine weiche Stimmung, wenn er von Venedig sprach, wo die Zauberarme der Liebe ihn umstrickt hielten, bis die innere Stimme ihm gebot sich loszureißen und seinen Weg allein weiter zu wandeln.» Die tiefe Überzeugung, daß dem genialen Menschen das Einzelgängertum gemäß und natürlich sei, war es, welche in ihm endlich Oberhand gewann über die Versuchung, sich auf die Illusion eines möglichen Glücks in der «Bejahung des Willens» einzulassen.

Der erwähnte Brief von Adele (5. Februar 1819) enthielt auch die Nachricht von Goethes erster Reaktion auf *Die Welt als Wille und*

Vorstellung («In diesem Buche gefalle ihm vorzüglich die Klarheit der Darstellung und der Schreibart, obschon Deine Sprache von der der andern abweiche und man sich erst gewöhnen müsse, die Dinge so zu nennen, wie Du es verlangst. Habe man aber einmal diesen Vorteil erlangt und wisse: daß Pferd nicht Pferd, sondern c a v a l l o und Gott etwa d i o oder anders heiße, dann lese man bequem und leicht»). Neben dem Geständnis ihrer eigenen Schwierigkeiten, das Buch zu verstehen, gab sie dem Bruder Mitteilung vom Interesse einiger Menschen ihrer Bekanntschaft daran. Und sie bedauerte es, daß Arthur unerklärlicherweise versäumt habe, Byron aufzusuchen, «denn wenig Dichter haben mich so angesprochen, wenigere haben mir den Wunsch sie zu sehen gegeben». Nun, Schopenhauer selbst beklagte ja die Unterlassung, da auch er für den Dichter viel übrig hatte. Überhaupt zeigen die Briefe gerade dieser Zeit, daß zwischen den Geschwistern doch manche wirkliche Verwandtschaft und das ehrliche Bedürfnis nach freundlichen Beziehungen bestand. Und doch mußte sich auch hier die eigentliche Unverstandenheit des außerordentlichen, darum auch außergewöhnlichen Mannes bestätigen; man sieht den Grenzstrich förmlich mit Augen, wenn Adele (Mai 1819) dem Bruder sagen zu dürfen glaubt: «Nie kann ich mit Dir darin übereinstimmen, daß Du Dir aus der Verachtung der Menschen nichts machst; reiße wie Du willst an der Lebenskette, die uns Alle verknüpft, Du reißest Dich doch nicht los, und es ist eine große Frage, ob nicht Stunden kommen, wo Du die Menschen brauchst, über die Du Dich jetzt so stolz erhebst...» Im gleichen Schreiben nimmt sie darauf Bezug, daß Schopenhauer «vom Sterben, von Testiren» spreche.

Einen anderen Brief der Schwester empfing Schopenhauer, schon auf der Rückreise begriffen, in Mailand. Hierin meldet ihm Adele den Zusammenbruch des Danziger Handelshauses Ludwig Abraham Muhl & Co. Diesem hatte Johanna Schopenhauer den Rest ihres Vermögens und das ihrer Tochter anvertraut, während Arthur Schopenhauer von seinem Gesamtvermögen, das sich damals auf zirka 22 250 Taler belief und jährlich 1530 Taler Zinsen abwarf, ebenfalls einen beträchtlichen Teil bei jener Firma liegen hatte. Auf die Alarmnachricht hin erklärte sich Schopenhauer sofort bereit, das wenige, was ihm geblieben sei, mit Mutter und Schwester zu teilen, nicht ohne die Mitteilung dieses edelmütigen Entschlusses der Mutter gegenüber mit den Worten zu begleiten: *... obgleich Sie das Andenken des Ehrenmannes, meines Vaters, weder in seinem Sohn, noch in seiner Tochter geehrt haben...* Übrigens kam aber Schopenhauer gar nicht dazu, sein Angebot in die Tat umzusetzen. Denn Mutter und Schwester ließen sich in Danzig von offenbar interessierten Mittelspersonen zu einem Vergleich überreden, auf den sich einzulassen Schopenhauer rundheraus ablehnte. Und er konnte dabei wiederum nicht den Vorwurf unterdrücken, die Mutter habe sich günstigere Bedingungen eingehandelt als Lohn dafür, daß sie ihn zur Einwilligung in den Akkord bewege. Adele aber, von einem Berater beeinflußt, dessen tatsächliche Unredlichkeit Schopenhauers klarer Blick durchschaute, vermerkte dazu in ihrem Tagebuch: «Arthurs Brief, der mich vernichtend berührte. Ich kann noch nicht antworten, indessen schrieb ich ihm einige Abschiedszeilen, denn meine Seele ist von ihm geschieden. – Seine Art, den Akkord abzulehnen, mir auf meinen fast demütigen weichen Brief, auf mein ruhiges Vertrauen so zu antworten, hat mich tief gekränkt – es muß eine lange Trennung begütigend zwischen uns treten.» Später hat sie freilich eingesehen, daß die Verkennung hier auf ihrer Seite lag. Der weitere Ablauf der Dinge hat Schopenhauer völlig recht gegeben; und im Lichte dieser Tatsache, die seinen scharf ausgeprägten Wirklichkeitssinn wieder einmal aufs glänzendste bewies, darf man die schlagfertige Pointe ungeschmälert genießen, mit der er in einem Brief an den Kommerzienrat Muhl seinen Standpunkt erhärtete: *Sie sagen vielleicht, daß, wenn alle Ihre Gläubiger so dächten wie ich, ich auch schlimm dran wäre. Aber wenn alle Menschen dächten wie ich, so würde überhaupt mehr gedacht, und es gäbe dann wahrscheinlich weder Bankrotte noch Kriege noch Pharo-Tische.* Tatsächlich zahlte das Handelshaus dem Gläubiger Schopenhauer 1821 seine Forderungen in voller Höhe aus, und er war nicht wenig stolz darauf, bewiesen zu haben, *daß man wohl ein Philosoph sein kann, ohne deshalb ein Narr zu sein.*

PHILOSOPHIEDOZENT IN BERLIN

Als die Affäre Muhl ihren Abschluß erreichte, hatten sich Schopenhauers Lebensverhältnisse wiederum einschneidend verändert. Auf die erste Meldung von der drohenden Existenzgefährdung hin war er sogleich nach Weimar geeilt, wo er – im August 1819 – Mutter und Schwester jedoch nicht mehr angetroffen hatte. Sie waren bereits nach Danzig abgereist. In diesen interimistischen Weimarischen Aufenthalt fielen zwei Zusammenkünfte mit Goethe, von deren einer die «Annalen» vermerken: «Ein Besuch Dr. Schopenhauers, eines meist verkannten, aber auch schwer zu kennenden, verdienstvollen jungen Mannes, regte mich auf und gedieh zur wechselseitigen Belehrung.»

Die ungewisse Zukunft, welche sich angesichts der Vermögenskrise vor Schopenhauer ebenso unerwartet wie erschreckend aufgetan, hatte ihn bewogen, sich um eine Universitätsdozentur zu bemühen. Nachdem er zunächst Heidelberg oder Göttingen dafür in Betracht gezogen hatte, entschied er sich schließlich für Berlin. Daß er, der es keineswegs erst nach dem Fehlschlag seiner akademischen Laufbahn für eines Philosophen überhaupt und seiner Person speziell unwürdig hielt, «mit seinem Wissen Handel zu treiben», einen solchen Entschluß faßte, erklärt sich nur aus dem ängstlichen Bestreben, ernsteren Bedrohungen seines philosophischen Wirkens vorzubeugen. In einem Schreiben an seinen ehemaligen Lehrer der Naturwissenschaften, Pro-

Friedrich Wilhelm Joseph von Schelling. Schabkunstblatt nach einem Gemälde von Josef Stieler, um 1840

Georg Wilhelm Friedrich Hegel. Gemälde von Jack Schlesinger, um 1825

fessor Lichtenstein, begründete er die Wahl Berlins damit, daß er «dort wohl mehr als irgendwo, ein Publikum fände, wie es seinen Vorträgen angemessen sei, nämlich ein schon reiferes und gebildetes»; *... ja es kommt hinzu noch, daß die höhere Geisteskultur, welche Deutschland heutzutage vor andern Ländern auszeichnet, nirgends so sehr und so allgemein zu Hause ist als gerade in Berlin ...* Freilich wird Schopenhauer dabei weder an Hegel noch an Schelling als an besondere Leuchten dieser Geisteskultur gedacht haben. Vielmehr versteifte er sich darauf, als er im Januar 1820 die Zulassung erhalten und am 23. März seine Probevorlesung *Über die vier verschiedenen Arten der Ursachen* gehalten hatte, fünfmal wöchentlich von 5 bis 6 Uhr, zu den gleichen Stunden, in denen Hegel sein Hauptkolleg über «Logik und Metaphysik» las, *Über die gesamte Philosophie oder die Lehre vom Wesen der Welt und vom menschlichen Geist* vorzutragen. Damit war seine Niederlage von vorneherein besiegelt. Denn von seiner großartigen philosophischen Leistung war noch wenig bekannt, wogegen Hegel sich des lebhaftesten Zulaufs und bedeutenden Einflusses erfreute. Schopenhauers Vorlesungen waren infolgedessen so wenig besucht, daß er sie für die nächsten vier Semester zwar noch ankündigte, aber nicht mehr hielt. Es war ein katastrophaler Mißerfolg.

Unter den spärlichen Anzeichen allmählichen Widerhalls der *Welt als Wille und Vorstellung* war auch eine Besprechung in der Jenaischen Literaturzeitung (1820) von dem jungen Berliner Privatdozenten F. E. Beneke, der noch kurz zuvor als Student Schopenhauers Vorlesungen beigewohnt hatte. Der Rezensent bediente sich zum Nachweise von «Verirrungen» einer derartig leichtfertigen und ungeschickten Art des direkten und indirekten Zitierens, obendrein in nicht genug erkennbarer Abgrenzung, daß seine Argumentation kaum Anspruch auf die Zubilligung kritischer Berufenheit erheben konnte. Der Kritisierte aber fühlte sich begreiflicherweise berechtigt, von *Lüge* und *Verleumdung* zu reden, und er protestierte dagegen in schärfster Form mit einer *Notwendigen Rüge erlogener Zitate.* Er schoß damit zwar weit über das Ziel hinaus, aber im Grundsätzlichen stellte er Forderungen an die intellektuelle Redlichkeit eines Kritikers, von denen man behaupten darf, daß sie heute noch durchaus aktuell sind und von Zeit zu Zeit in Erinnerung gebracht zu werden verdienten ...

Es sollte aber den Berliner Jahren auch sonst an aufregenden Ereignissen und bewegenden Erlebnissen nicht mangeln. Eines davon, eine wahrlich unerhebliche, ja überaus banale Begebenheit, sollte für Schopenhauer langwährende widerwärtige Folgen haben. Neben der möblierten Wohnung, die er 1821 in der Niederlagstraße 2 innehatte, bewohnte eine Verwandte der Hauswirtin, die Näherin Caroline Louise Marquet, eine kleine Kammer. Zu der Schopenhauerschen Wohnung gehörte ein Vorraum, den ein anderer Mieter zwar als Durchgang benutzen durfte, der im übrigen aber nicht als Aufenthaltsraum für jedermann freigegeben war. In diesem Raume fand Schopenhauer eines Abends die Marquet nebst zwei anderen Frauen versammelt. Er forderte die ungebetenen Gäste auf, sich zu entfernen; aber die Näherin weigerte sich, so daß Schopenhauer sie endlich mit Brachialgewalt hinausbeförderte. Da sie sich «aus Leibeskräften wehrte», mag das ein wenig unsanft geschehen sein. Jedenfalls war er an eine resolute und durchtriebene Person geraten, die es verstand, die Affäre im buchstäblichsten Sinne auszumünzen. Sie ließ sich den Tatbestand der Körperverletzung ärztlich attestieren und erreichte auf dem Klagewege durch mehrere Instanzen, daß Schopenhauer (1826) dazu verurteilt wurde, ihr Kurkosten und Alimentation von 300 Talern und eine Leibrente von 60 Talern jährlich zu zahlen. *Und dies alles bloß, weil ich die Person vor fast fünf Jahren zur Stubentür hinausgeworfen, ohne daß sie irgend eine sichtbare oder nachweisbare Beschädigung erhalten.* Man kann verstehen, daß Schopenhauer diesen Ausgang der Sache, den die Gewinnerin gewiß vor allem der Tüchtigkeit ihres Rechtsanwaltes verdankte, als einen unerhörten Fall von Ungerechtigkeit empfand; neues Wasser auf die Mühle seiner desperaten Menschenbeurteilung. Dies um so mehr, als seine Befürchtung, daß er die genannten Alimente *höchstwahrscheinlich bis zum Ende ihrer Tage* zu entrichten haben werde, *da sie wohl so klug sein wird, das Zittern des Armes nicht einzustellen,* sich im vollen Umfange bewahrheitete. Nichts begreiflicher, als die grimmige Genugtuung, mit welcher der Philosoph, nach Ablauf ganzer zwanzig Jahre endlich im Besitz des Totenscheins, das doppelsinnige Wortspiel niederschrieb: *Obit anus, abit onus.*

Schopenhauers Wohnung in Berlin, 1820–1822. Früher Niederlagstraße 2. Rechts: das hohe Haus mit der herabgelassenen Markise. Bildmitte: die alte Bau-Akademie

Ist es auch sicher, daß Schopenhauer die widerspenstige Näherin nicht wirklich rentenreif geprügelt haben wird (seiner unbedingten Wahrhaftigkeit wäre unter keinen Umständen nachträgliche Selbsttäuschung zuzutrauen), so muß der verhängnisvolle Vorgang sich allerdings unter dem Zeichen hochgradiger Erregung abgespielt haben. Darum scheint es nicht abwegig, mit dem Verfasser der Studie «Schopenhauers Geliebte in Berlin», Robert Gruber, zu mutmaßen, jene Belagerung des Vorzimmers durch drei neugierige Frauen habe gerade stattgefunden, als Schopenhauer den Besuch seiner Dame erwartete. Der noch immer junge große Mann war nämlich alsbald von neuem ein Herzensengagement eingegangen. Bevor davon ausführlicher gesprochen wird, sei zu dem Thema «Schopenhauer und die Frauen» noch eine kurze Erklärung eingeflochten, da die Kostenlosigkeit des Unterfangens eine gewisse Sorte von klugen Leuten immer wieder verführt, «unlösbare Widersprüche» zwischen «Theorie und Praxis», in diesem Falle zwischen Schopenhauers Menschenverachtung und dem Sachverhalt der Liebe, oder, noch gröber: zwischen seiner Geringschätzung des weiblichen Geschlechts und der Tiefe seiner leidenschaftlichen Verstrickungen aufzuspießen. Aber wie ein ernst zu nehmender Denker das Gros der Menschheit nur darum verachten kann, weil er es nach dem Maßstab der von den edelsten Exemplaren dargelebten höchsten Möglichkeiten beurteilt, so vermag er auch von der Menge alltäglicher Weiblichkeit um so weniger zu halten, als er sie mit den Ausnahmeerscheinungen vergleichen muß, die ihm begegneten und die sich – mindestens in seinen Augen – durch besondere Geistesgaben, menschlichen Wert und eine Art von Schönheit auszeichneten, die bloßer erotischer Anziehungskraft ohne höhere Vorzüge niemals gegeben ist. Es kann aber, von diesem Thema der Erotik abgesehen, ganz allgemein nicht oft und nicht nachdrücklich genug betont werden, wie sehr alle Nichtachtung des menschlichen Durchschnitts bei Schopenhauer auf der Höhe seiner intellektuellen, charakterlichen und ästhetischen Ansprüche beruhte. Und was seine Fähigkeit betrifft, wahrhaft zu lieben, so lag deren Quelle keinesfalls allein in den Kräften der Sinnlichkeit, sondern noch mehr in der Empfänglichkeit für jene seltene Eigenschaft, die er als einzige noch den glänzendsten geistigen Qualitäten überordnete: *Denn wie Fackeln und Feuerwerk vor der Sonne blaß und unscheinbar werden, so wird Geist, ja Genie, und ebenfalls die Schönheit, überstrahlt und verdunkelt von der Güte des Herzens.* – So wenig wir auch Genaueres von den verschiedenen Liebespartnerinnen Schopenhauers wissen: die spärlichen Fingerzeige, die wir den zugänglichen Dokumentationen entnehmen können, erlauben die Unterstellung, daß es sich bei den Erlebnissen von Venedig, und wohl auch Berlin, um Frauen handelte, die der Auszeichnung, von ihm geliebt zu werden, jedenfalls nicht ganz unwürdig gewesen sein können, auch wenn sie anscheinend, nach bürgerlichen Begriffen, keiner sonderlich strengen Lebensweise huldigten. Andererseits mögen freilich gerade manche «praktischen» Erfahrungen und Enttäuschungen in diesen Verhältnissen dazu beigetragen haben, Schopenhauers abschätzige Pauschalurteile erst richtig zu begründen und zu festigen.

Die Berliner Geliebte hieß Caroline Medon, war Choristin am Theater und zur Zeit der ersten Bekanntschaft mit Schopenhauer achtzehn oder neunzehn Jahre alt. In intime Beziehungen scheinen die beiden jedoch erst viel später getreten zu sein. Carolines rechtmäßiger Name lautet «Richter genannt Medau», da sie als voreheliches Kind zuerst nur den Namen der Mutter trug, dem nach der Heirat der Eltern der Familienname des Vaters angefügt werden durfte. Erst im Theaterbetrieb wurde aus Medau «Medon». Caroline hat mehreren außerehelichen Kindern das Leben geschenkt, für die eine Vaterschaft Schopenhauers nicht in Betracht kommt. Dies könnte jedoch bei einer dritten Schwangerschaft (1826) der Fall sein, die sie nicht austrug, aber zum Anlaß nahm, aus dem Chordienst auszuscheiden. Allein in den letzten Jahren ihrer Verbindung mit Schopenhauer erwachte ihre Theaterleidenschaft erneut. Caroline Medon ging wieder zur Bühne, war erst am «Königstädtischen Theater», zuletzt im Vorstadttheater der «Mutter Gräbert» als Schauspielerin beschäftigt, bis sie schließlich ihren Lebensunterhalt nur noch mit Handarbeiten erwerben konnte. Obwohl sie, offenbar keinen schwächeren

Trieben unterworfen als Schopenhauer (der sie «Ida» nannte, doch, nach ihrem eigenen späteren Bericht, sie auch mit dem Kosenamen «Prinzeßchen» anzureden pflegte), sich schwerlich bewußt gewesen sein dürfte, mit wem sie es zu tun hatte, muß sie dennoch wohl ein Gefühl für seine Sonderart gehabt und behalten haben. Denn noch 26 Jahre nach ihrer Trennung und nach ebenso langem beiderseitigem Schweigen, als sie in der Zeitung seinen 70. Geburtstag angezeigt gefunden hatte, nahm sie den brieflichen Kontakt zu ihm wieder auf und weckte in ihm die Erinnerung an die gemeinsam verlebten Jahre. Und Schopenhauer bedachte sie daraufhin in seinem Testament mit einem Vermächtnis, dessen Vorteile sie noch einundzwanzig Jahre lang, bis zu ihrem Ableben am 6. Juni 1882, genießen durfte.

NOCHMALS ITALIEN – MÜNCHEN UND DRESDEN

Nicht nur die Scherereien mit der Angelegenheit Marquet, sondern noch mehr die tiefe Verstimmung über das Mißlingen seiner philosophischen Dozentur, die, wie Gwinner sagt, «nicht einmal zum ausgeführten Vortrage seines Systems» gedieh, verleideten Schopenhauer das Leben in Berlin so schnell und gründlich, daß es ihn schon im Frühjahr 1822 erneut in den geliebten Süden trieb. Wie es in ähnlichen Fällen oft geschieht, hatte sich unter Einwirkung der ernüchternden Erfahrungen auch seine allgemeine Hochschätzung der preußischen Hauptstadt rasch abgekühlt. Er fand jetzt, dort sei alles *rar, teuer und schwer zu haben, die Spitzbübereien und Betrügereien jeder Art dagegen ärger als im Land wo die Citronen blühen.* Nicht viel besser fiel nun auch die Diagnose der Berliner Weisheitspflege aus. «Die Concurrenten mied er absichtlich und die Pedanterie des deutschen Gelehrtentums ekelte ihn an» (Gwinner). Man darf diese Desillusionierung jedoch keinesfalls allein auf die inzwischen aufgeladenen Affekte zurückführen; wir wissen ja, daß Schopenhauers Meinung über eine gewisse Sorte von ebenso dünkelhafter wie unschöpferischer Stubengelehrsamkeit und Bücherweisheit, wie sie vorzugsweise an deutschen Hochschulen gedeiht, von früh auf keine sehr schmeichelhafte war. Ihn zog es also wiederum nach Italien. Nachdem er auf dem Berliner Hausvogteigericht sein Testament hinterlegt hatte, reiste er durch die Schweiz nach Mailand, Venedig und Florenz. Wie schon bei seinem ersten italienischen Aufenthalt taute er auch diesmal wieder förmlich auf, sein ganzes Wesen war gelöster, sein Lebensgefühl gehoben, sein Welterlebnis auf Genußfreudigkeit gestimmt, was wiederum in gesteigerter Geselligkeit zum Ausdruck kam. Wieviel Licht, Farbe und unverfälschte Lebenswärme auch über den unbestechlichsten Geist vermögen, das empfindet man, wenn man den «zugeknöpften» Schopenhauer rühmen hört, «daß alles, was

Caroline Richter, genannt Medon. Gemälde von Hermann Ernecke, 1847, nach einer älteren Zeichnung

unmittelbar aus den Händen der Natur komme, Himmel, Erde, Pflanzen, Bäume, Thiere, Menschengesichter, in Italien so sei, wie es eigentlich sein solle, bei uns nur sei, wie es zur Noth sein könne». Mag einige Übertreibung dabei sein: es ist die Essenz des Italienerlebnisses, wie es gerade die am lebhaftesten reagierenden und registrierenden Köpfe unter den deutschen Italienfahrern gehabt haben; denke man nun an Goethe oder an Richard Wagner – um aus der in Betracht kommenden Menge nur zwei besonders weit voneinander unterschiedene Persönlichkeitstypen zu nennen. Allein auch dieses Mal erwies der für den Philosophen sozusagen unstatthafte Ausflug

Wilhelm Gwinner. Nach einem Gemälde von Lallemand

in die Lebensfreude seinen trügerischen Charakter durch das, was danach kam. Auf der Rückfahrt, Mai 1823, in München angelangt, wurde er dort auf die Dauer fast eines vollen Jahres festgehalten, da ihn mehrere unangenehme Krankheiten überfielen und an das Zimmer fesselten. Dieses Münchener Jahr stellte sich ihm als die trübseligste Zeit seines Lebens dar – um so verständlicher, als eine Ertaubung des rechten Ohres sich hier einstellte. Dem «Höllenklima» der oberbayerischen Hochebene entflohen, suchte Schopenhauer Genesung in Bad Gastein, wo im «Ehrungsbuch» der Kurverwaltung noch heute die Eintragung nachzulesen ist: «Arthur Schopenhauer, von Berlin, war hier vom 29ten Mai bis 19ten Juni 1824». Im September begab er sich, bis auf das dauernde Gehörübel einigermaßen wiederhergestellt, nach Dresden. Es wurde Ende April 1825, ehe er von dort, wo ihm vieles seit seinem früheren Aufenthalt, den Jahren des großen Schaffensrausches, fremd geworden schien, endlich – sehr widerwillig – wieder nach Berlin aufbrach. Was er von der «schönen Zeit» in Italien für sein Gedankenleben profitiert hatte, ist einem Brief aus München an den Freund (noch vom Gothaer Gymnasium her) Friedrich Osann zu entnehmen, wo er den *Zuwachs von Erfahrung und Menschenkenntnis* hervorhebt, um fortzufahren: *Sehn und Erfahren ist so nötig als Lesen und Lernen. Besonders deutlich ist es mir geworden, wie jämmerlich das Leben der Vornehmen in der Nähe ist und wie Langeweile sie martert, trotz aller Gegenanstalten. Die Florentiner Kunstwerke habe ich recht mit Muße studiert und das italienische Volk hat mir viel Stoff zu Bemerkungen gegeben.*

Zu sehen und zu erfahren, wurde Schopenhauer in der Tat niemals müde, und alles Gesehene und Erfahrene wurde zu neuem Stoff für die Überarbeitung, weitere Durcharbeitung und Ergänzung des Hauptwerkes, dessen Gehalt an Lebenswirklichkeit sich vielleicht durch nichts so eindringlich bewies wie durch dieses eigentliche Niemalsfertigsein, dieses unaufhörliche Weiterwachsen und Werden. Denn schlechthin alles, was der Philosoph nach der ersten Niederlegung seines Systems zu Papier brachte, waren mehr oder minder ausführliche Marginalien zum Hauptwerk, mehr oder minder selbständige Kommentare zur gedanklichen Substanz desselben, auch wo es sich um Darbietungen einer Sicht gleichsam von außen her oder um scheinbar willkürlich aufgegriffene Spezialthemen handelte, wie bei einigen Schriften, von denen noch des Näheren zu sprechen sein wird. Man könnte dem guten Gwinner kaum beipflichten, wenn er mehr als nur etwas Arbeits- oder Denktechnisches meinte mit dem «großen Unterschied», den er beachtet wissen will zwischen den Schriften vor 1819, in denen «die ursprüngliche Conception eine zusammenhängende» sei und die «aus einem lediglich im Kopfe des Autors vorhandenen und diesem unmittelbar entnommenen Gedankenfonds» entstanden wäre, und den späteren, die «mehr den Charakter bloßer Collectaneen» hätten, worauf «schon die Titel der hinterlassenen ... Manuscriptbücher: Cogitata, Pandectae, Spicilegia u.s.w.» deuteten. Demgegenüber bekunden diese «Manuscriptbücher» – es wären noch die anderen zu nennen: Reisebuch, Foliant, Brieftasche, Quartant, Adversaria, Cholerabuch, Senilia – schließlich nichts anderes, als daß Schopenhauer mit dem Sammeln von Gesehenem und Erfahrenem (und Gelesenem, sofern es Anschauungs- und Erfahrungswert für ihn besaß) immer mehr auch in die Breite ging und dadurch dem im eigenen Kopfe vorhandenen Gedankenfonds immer neues Betätigungs-, Bestätigungs- und Demonstrationsmaterial zuführte. So entspricht es auch Schopenhauers eigener Auffassung, wie er sie schon 1818, mit der Ankündigung des Erscheinens der *Welt als Wille und Vorstellung* in einem Briefe an Goethe vertreten hatte: *...und bin der Meinung, daß Helvetius recht hat zu sagen, daß bis zum 30. höchstens 35. Jahre im Menschen durch den Eindruck der Welt alle Gedanken erregt sind, deren er fähig ist, und alles, was er später liefert, immer nur die Entwicklungen jener Gedanken sind.* Wonach also eher den späteren, immer neu ergänzenden Schriften als dem früh vollendeten Hauptwerk der Charakter des Entstandenseins bereits «aus einem lediglich im Kopfe des Autors vorhandenen und diesem unmittelbar entnommenen Gedankenfonds» zuzusprechen wäre. Auch für den Leser haben alle um das Hauptwerk herum wie nach ihm geschriebenen, aus den genannten «Manuscriptbüchern» angeregten und gespeisten Arbeiten die Bedeutung immer neuer Illustrationen zur *Welt als Wille und Vorstellung*, auch, wie nochmals betont sei, wo die Dinge scheinbar von weitentlegenen Standpunkten aus betrachtet werden. Es erhöht freilich den «an-sich»-Wert dieser späten Schriften, daß sie auch demjenigen Leser verständlich sind und ihn mit Erkenntnissen überreich zu beschenken vermögen, der das Hauptwerk nie gelesen hat oder dem es – aus mangelnder Fähigkeit des strengen philosophischen Denkens – unverständlich geblieben ist. Zweifellos besteht sogar ein nicht geringer Teil der Schopenhauer-Verehrerschaft aus dieser Kategorie der Nebenwerk-Leser. Sie halten es mit dem großen Beobachter und unerreichten Schilderer der Lebenswelt, dessen Blickschärfe und Aussagekraft sich eben dem außerordentlichen Auffassungsvermögen und der drastischen Darstellungsgabe des Mannes verdankten, dessen «Gedankenfonds» sich von jeher aus den ständig zuströmenden Anschauungsbildern, den sich häufenden Erfahrungsschätzen genährt und gemehrt hatte.

DER «VERHASSTE AUFENTHALT»

Es gab keinen Grund, aus welchem Schopenhauer sein Berliner Dasein nach den drei Jahren der Abwesenheit angenehmer als früher hätte empfinden können. Es sei denn, daß das Liebesverhältnis mit Caroline Medon, bevor es sich seinem Ende zuneigte, noch einiges freundliche Licht auf die vorherrschende Dunkelheit dieser Zeit geworfen habe, die im übrigen gekennzeichnet war durch den deprimierenden Ausgang des Marquet-Prozesses und die unveränderte Resonanzlosigkeit seiner Bemühungen um Hörer, in der sich allzu getreu das unwürdige Schicksal des Buchautors Schopenhauer spiegelte. Wer auf eine Leistung blicken kann und sich ihres geistesgeschichtlichen Ranges bewußt ist, dabei jedoch erleben muß, daß seine bescheidene Geltung von dem Ruhme einer romanschreibenden Mutter völlig überschattet wird, und keine Anerkennung wenigstens von seiten einer lernbegierigen Jüngerschaft ihn gewissermaßen rehabilitiert – der werfe dem in Wahrheit epochemachenden Denker die menschlichen Schwächen seiner Verbitterung und des hochfahrenden Stolzes vor, den er überall dort zur Schau trug, wo er gewiß war, gebührenden Respekt nicht erwarten zu dürfen. Die aus solcher Lage resultierende Überempfindlichkeit trug auch jetzt wieder – wie immer, wenn Schopenhauer mit akademischer Kollegenschaft in engere Berührung kam – ein ungutes Element in seine Beziehungen. Lassen wir Gwinner darüber berichten:

«In dieser letzten Zeit seines berliner Aufenthalts warf er sich mit Eifer auf das Spanische und begann die Übersetzung des Oraculo manual y arte de prudencia von Balthasar Gracian. In derselben Zeit machte er die persönliche Bekanntschaft Alexander v. Humboldts, dem er sich anfangs, wie Fichten, mit Verehrung näherte, bald aber fremd fühlte. Er fand nur ein großes Talent, wo er Geist vermuthet; nur scientia, wo er sapientia gesucht hatte. Der schonungslose Angriff gegen die doctrina recepta in der Optik konnte ihm die Gunst des Newtonianers nicht erwerben; wenigstens lebte Schopenhauer des Glaubens, daß Humboldt über den persönlichen Anstoß dieser Differenz nicht hinausgekommen sei. Genug, er habe aus diesem ‹Götzen der Zeit› nie etwas machen können. Bei Hegel dagegen wäre ihm die Farbenlehre zur Empfehlung gereicht, wenn er unter dessen Fahne hätte dienen wollen; denn derselbe nahm so lebhaften Antheil an Goethes Theorie, daß er sich aus dem curriculum vitae, welches Schopenhauer der philosophischen Facultät bei seiner Habilitierung einreichte, dessen Angaben über sein Verhältniß zu Goethe in Ansehung seiner eigenen Untersuchungen abschrieb. Aber schon bei seiner disputatio pro venia legendi scheint er sich mit Hegel überworfen zu haben, der ihn als Opponent mit dem Ansehen der Ueberlegenheit in die Enge treiben wollte.» Der von Gwinner hier erwähnte spanische Moralphilosoph des 17. Jahrhunderts, Gracián, erfreute sich der besonderen Zuneigung Schopenhauers. Seinen «unvergleichlichen Criticon», worin er *den Jammer unseres Daseyns uns mit den schwärzesten Farben vor die Augen* stellt, nannte er *vielleicht die größte und schönste Allegorie, die je geschrieben worden,* und zitierte häufig daraus. Die Schopenhauersche Übersetzung erschien postum als «Balthazar Gracian's Hand-Orakel und Kunst der Weltklugheit». Eine andere Arbeit dieser zweiten Berliner Jahre war Schopenhauers Übertragung seiner Schrift «Über das Sehn und die Farben» ins Lateinische.

Alexander von Humboldt. Lithographie nach einem Gemälde von Karl Begas, um 1844

Nicht aus der Sphäre der sogenannten Fachgenossen, sondern bezeichnenderweise aus der Region unabhängiger Geister von universaler Sehweite kam dem wirklich schnöde Verkannten inmitten dieser Epoche des Mißvergnügens ein aufrichtendes Zeichen der Würdigung: in seiner «Kleinen Bücherschau» (Breslau 1825) veröffentlichte Jean Paul eine Besprechung des Hauptwerkes, die bei allen möglichen Vorbehalten, aller Distanzierung von der Konsequenz der «Verneinung des Willens zum Leben», doch den Lesern die Größe des gedanklichen Wurfs aufs bestimmteste erklärte und ihnen Achtung vor dem Genie des Denkers beibringen mußte. Der Dichter des «Titan» schrieb: «... ein genialphilosophisches, kühnes, vielseitiges Werk, voll Scharfsinn und Tiefsinn, aber mit einer oft trost- und bodenlosen Tiefe – vergleichbar dem melancholischen See in Norwegen, auf dem man in seiner finsteren Ringmauer von steilen Felsen nie die Sonne, sondern – in der Tiefe nur den gestirnten Taghimmel erblickt, und über welchem kein Vogel und keine Woge zieht. Zum Glück kann ich das Buch nur loben, nicht unterschreiben.» Das war nun allerdings eine Anerkennung, die um so mehr wog, als ihr die absolute Unparteilichkeit des Urteils wohl anzumerken war.

Ging Schopenhauer auch in Berlin wieder mit Heiratsgedanken um, so verraten die nachweisbaren Motive dieser abermaligen Versuchung zur Untreue gegen die eigenen Grundsätze, wie unsicher er sich in jenen Jahren gegenüber der Möglichkeit fühlte, seiner zwiespältigen, tatsächlich fragwürdigen Lebenslage eine irgendwie haltgebende Form abzugewinnen. Eine konsolidierte Existenz schien ihm auch im Hinblick auf die gesellschaftliche Reputation geboten, deren Rückwirkung auf das akademische Ansehen er vielleicht noch für entscheidender halten mochte, als sie es wirklich zu sein pflegt. Ob er eine eheliche Verbindung mit Caroline Medon erwog, ist ungewiß. Für die Zeit um 1827 dürfte feststehen, daß Schopenhauers Werbung der siebzehnjährigen Tochter eines Kunsthändlers, Flora Weiß, galt. Doch er entwand sich abermals den Sehnsuchtsanwandlungen nach bürgerlicher Bequemlichkeit und Behaustheit, um seinen Geist und seine Kräfte für höhere Aufgaben freizuhalten von den in jeder Ehe enthaltenen Selbstopfern, die er unübertrefflich charakterisierte mit der Äußerung, er habe nicht *seine Rechte halbieren und seine Pflichten verdoppeln* wollen.

Obwohl Schopenhauer sehnlichst wünschte, den unrühmlichen Berliner Zustand zu beenden und anderswo ein fruchtbareres Wirkungsfeld zu suchen, ergab sich doch keine bessere Aussicht. Bis August 1831 hielt er aus; dann aber vertrieb ihn die Furcht vor der Cholera aus dem *physisch und moralisch vermaledeiten Nest,* wo er immerhin, ungeachtet seiner fast schrullenhaften Vorsicht und pedantischen Sorgfalt in allen Dingen, zweimal bestohlen worden war ... Auch die Cholerafurcht kann man kaum unbegründet, nicht einmal übertrieben nennen: Schopenhauers weniger ängstlicher philosophischer Gegenspieler Hegel wurde noch im November desselben Jahres von der Seuche dahingerafft.

Zunächst wandte sich Schopenhauer nach Frankfurt, dessen Klima ihm zusagte und das er aus mancherlei Gründen für *cholerafest* hielt. Als sich indessen dort seine Gemütsverfassung nicht besserte, sein Gesundheitszustand wieder verschlechterte, versuchte er es (Juli 1832) mit Mannheim. Doch schon im Juni 1833 kehrte er nach Frankfurt zurück, nachdem er an Hand einer eigenhändig aufgesetzten, minuziös durchdachten Liste die Vorzüge und Nachteile beider Städte hinsichtlich des Klimas, der Sitten, der kulturellen Institutionen, der gastronomischen Verhältnisse usw. langwierig gegeneinander abgewogen hatte. Zu den Annehmlichkeiten Frankfurts zählte er auch, daß dort viele Engländer lebten. Mit den Einheimischen sich mehr als unvermeidlich einzulassen, war ohnehin nicht seine Art. *Es ist eine kleine, steife, innerlich rohe, Municipal-aufgeblasene, bauernstolze Abderiten-Nation, der ich mich nicht gern nähere. Ich lebe als Einsiedler und ganz allein meiner Wissenschaft.* So lautet ein späteres Urteil des Mannes, der sich nunmehr für immer als Fremdling unter den «Leuten» eingerichtet, sich mit dem Eremitenleben befreundet hatte und in schöpferischer Einsamkeit, im Genuß der eigenen Gesellschaft als bester, die er haben konnte, an diesem letzten

Orte seiner Wahl den Rest seines Daseins – noch ein volles Menschenleben – verbringen sollte.

Während der Suche nach einer bleibenden Stätte war Schopenhauer wieder in brieflichen Verkehr zuerst mit der Schwester, dann mit der Mutter getreten, die jetzt in Bonn, sommers in Unkel wohnten. Adele, von jeher auch nicht übermäßig mit Glück gesegnet, doch nicht mit dem selbstbewußten Einzelgängerstolz des Bruders gewappnet, schrieb: «Ich lebe ungern, scheue das *Alter*, scheue die mir gewiß bestimmte *Lebenseinsamkeit*. Ich mag nicht heiraten, weil ich schwerlich einen Mann fände, der zu mir paßte. Ich weiß nur einen, den ich heiraten könnte ohne Widerwillen, und der ist verheiratet. Ich bin stark genug, diese Öde zu ertragen; aber ich wäre der Cholera herzlich dankbar, wenn sie mich ohne heftige Schmerzen der ganzen Historie enthöbe. Daher ist mir Deine Angst, da auch Du Dich unglücklich fühlst und oft dem Leben entspringen wolltest durch irgendeinen Gewaltschritt – seltsam.» Und die Stimme der Mutter (die im übrigen nach Adelens Bericht fleißig an der Herausgabe ihrer sämtlichen Werke arbeitete): «Was Du über Deine Gesundheit, Deine Menschenscheu, Deine düstere Stimmung mir schreibst, betrübt mich mehr als ich Dir sagen kann und darf, Du weißt warum. Gott helfe Dir und sende Dir Licht und Muth und Vertrauen in Dein umdüstertes Gemüth.»

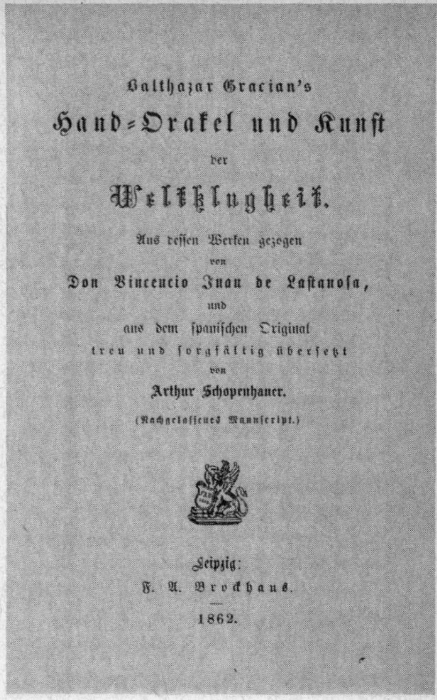
Balthazar Gracian's
Hand-Orakel und Kunst
der
Weltklugheit.
Aus dessen Werken gezogen
von
Don Vincencio Juan de Lastanosa,
und
aus dem spanischen Original
treu und sorgfältig übersetzt
von
Arthur Schopenhauer.
(Nachgelassenes Manuscript.)
Leipzig:
F. A. Brockhaus.
1862.

Nun – der augenblicklichen Verfassung des Adressaten wurden solche Briefe vielleicht in einem gewissen beschränkten Sinne gerecht; von der Vielschichtigkeit seines Wesens und den tiefer gelagerten, bleibenden Ursachen seiner anscheinenden und wirklichen Widersprüchlichkeit, seiner differenzierten Reaktionsweise, seines Verhaltenskonflikts zwischen Willensverneinung und Lebenstrieb, Menschenverachtung und Geltungstrieb verrieten sie keine Ahnung.

DER FRANKFURTER WELTWEISE

Ich bin ein festgewachsener Pilz geworden, aus lauter Reisescheu. Aber gewiß nicht allein Überdruß an der Unstetheit seines bisherigen Lebens ließ Schopenhauer sich bewußt und planmäßig zur Seß-

Jean Paul. Gemälde von Friedrich Meier

haftigkeit entschließen. Auch in seiner geistigen Existenz war jetzt alles darauf angelegt, daß er, gegen die Beunruhigungen des Weltgetriebes abgeschirmt, ihm nur noch als ganz unbeteiligter Beobachter seine Erkenntnisfrüchte abgewinnen und diese in immer reicheres Lehrgut überlegener Weltweisheit umwandeln sollte. Er war, als er sich endgültig in Frankfurt niederließ, 45 Jahre alt, stand also in der Mitte jenes Jahrzehnts, welches allgemein als das der höchsten Schaffenskraft gilt – nicht in der Hervorbringung neuer Gedanken, Ideen und Pläne, sondern in der Auswertung, Ausformung und Vollendung der im Jugendalter empfangenen und entwickelten. Als der Philosoph sich in Frankfurt etablierte, war er noch immer überwiegend auf Eigenlob angewiesen, um sich die nötige Elastizität zur Arbeit zu erhalten. Allmählich aber stellten sich, zuerst vereinzelte, dann häufigere Zeichen dafür ein, daß seine Saat aufzugehen begann; es meldeten sich Leser, Bewunderer, Zustimmende, Gleichgesonnene in wachsender Zahl. Und als sein Erdenpensum abgeleistet war, sein Erdenwandel sich dem Ausgang näherte, hatte sein Name schon einen, zwar noch nicht übermäßig lauten, doch starken, eindringlichen, gewissermaßen unterirdisch-mächtigen Klang.

Seine Person aber war zu einer Frankfurter Sehenswürdigkeit für die Fremden geworden, bei den Einwohnern zwar nicht beliebt, aber mehr oder minder scheu von ihnen bestaunt, als Kuriosum wohl auch belächelt; den Hütern eingewurzelter Meinungen und Dogmen verhaßt, von allerlei törichten Gerüchten umraunt; wenn er mit seinem vierbeinigen ständigen Begleiter, bis zuletzt rüstigen Schrittes, durch die Straßen eilte: schon zu Lebzeiten eine legendäre Erscheinung.

Einstweilen verlief sein Dasein in gesteigerter kontemplativer Sammlung, ganz der Denkarbeit, insbesondere der Vervollständigung des Hauptwerkes hingegeben. Was an Muße übrigblieb, gehörte, neben dem Flötenspiel wie dem Theater-, Konzert- und Museumsbesuch, der Lektüre. Nach Gwinners Auskunft las er «mehr in fremden Sprachen als im Deutschen; vor allem waren die griechischen und römischen Classiker sein vertrauter Umgang. Schon beim

Adele Schopenhauer (1797–1849). Zeichnung von A. v. Sternberg, 1841

Lernen der alten Sprachen hatte er die meisten Autoren durchgelesen, die fehlenden war er bemüht allmählich nachzuholen; zu den wichtigsten aber, wie Platon und Aristoteles, kehrte er immer von neuem zurück. Den Aristoteles las er noch in den letzten Jahren seines Lebens wiederholt vollständig durch. Sein lateinischer Lieblingsautor war Seneca, dem er den großen Satz velle non discitur verdankte und von dem sogar sein eigenes Latein, nach der Versicherung kundiger Philologen, die Farbe annahm.» Bezeichnenderweise «mied er gänzlich jene große Klasse moderner Bücher, die nur von Büchern handeln, die ganze sogenannte Literaturgeschichte und was dem ähnlich nur aus abgeleiteten Quellen schöpfen läßt. Nicht ernst genug glaubte er die heutzutage selbst in Gelehrtenkreisen immer mehr einreißende Unsitte sein Wissen nur aus zweiter Hand zu nehmen, wo die Quelle offen steht, rügen zu müssen ... Die erwähnte Scheu, sein Wissen aus zweiter Hand zu nehmen, hielt Schopenhauer auch vom Gebrauche aller Übersetzungen zurück. Er stellte an jeden Gelehrten die Anforderung, daß er die Haupt-Literatursprachen verstehe. Des Lateinischen Unkundige zählte er geradezu zum vulgus.»

Von neuerer Literatur pflegte er vorzugsweise die englische. Besonders fesselten ihn auch die deutschen Mystiker, vor allen Meister Eckhart, «von dem er nur beklagte, daß er zusehr in dem christlichen Dogmenkreise befangen gewesen sei, um seine überkühnen, wunderbar tiefen Intuitionen rein hervortreten zu lassen». Zu seinen Lieblingen zählten Angelus Silesius und der anonyme Verfasser der «Theologia, deutsch», der «Franckforter», dessen einstige Wohnstätte, das Deutsche Herrenhaus, Schopenhauer von seinem Fenster aus sehen konnte, und von dem er sagte, neben Goethe verdiene jener allein noch ein Denkmal in Frankfurt. Daß «jede dem Buddhaismus verwandte Erscheinung auf europäischem Boden» sein spezielles Interesse in Anspruch nahm, versteht sich bei einem Manne, der diese Religion «sowohl wegen ihrer innern Vortrefflichkeit und Wahrheit, als wegen der überwiegenden Anzahl ihrer Bekenner, als die vornehmste auf Erden» betrachtete; was ihn nicht hinderte, auch den beiden Testamenten der Bibel diejenige dauernde Aufmerksamkeit zu widmen, welche sie jedem ernsthaften Weltbetrachter abverlangen. Von den großen Dichtern der Weltliteratur las er am eifrigsten und schätzte er am höchsten Shakespeare und Goethe, Calderón, Lord Byron, die Lyriker Petrarca, Burns und Gottfried August Bürger; etwas weniger innig war sein Verhältnis zu Schiller. Aus der Romanliteratur großen Stils hatte er sich Cervantes' «Don Quijote», Sternes «Tristram Shandy», Rousseaus «Neue Héloïse» und Goethes «Wilhelm Meister» als unvergängliche Muster ihrer Gattung erwählt.

Diese Überschau des literarischen Proviants, zu dem Schopenhauer immer wieder griff, um sich an ihm zu stärken, ist wohl geeignet, eine Vorstellung von der Weite seines Horizonts und der Tiefe seines Eindringens in die dauergültigen Dokumentationen menschlicher

Die beiden Schopenhauer-Häuser in Frankfurt am Main, Schöne Aussicht 17 und 16, vor der Zerstörung. Im Hause links wohnte Schopenhauer vom 1. 3. 1843 bis zum 1. 7. 1859. Er starb im Hause rechts am 21. 9. 1860

Geistesgeschichte zu vermitteln, wobei die nebenher laufende sporadische Lektüre zur Orientierung über die Fortschritte in den Naturwissenschaften oder über die Versuche wissenschaftlicher Ergründung jener Phänomene, die heute der Psychologie, Parapsychologie und Psychoanalyse zugewiesen werden, nicht einmal mit unterbreitet ist. Das alles gehörte für Schopenhauer eben zu der unablässigen Aneignung und Erweiterung jener Weltkenntnis, deren Philosophie durchaus nicht entraten kann, will sie mehr sein und geben als wirklichkeitsfremde Schreibtischproduktion, gegenstandslose und darum überflüssige Spekulation.

ÜBER DEN WILLEN IN DER NATUR

Seit 1818, dem Jahre des Erscheinens der *Welt als Wille und Vorstellung*, hatte Schopenhauer nichts mehr veröffentlicht. Der Mißerfolg dieses Werkes, dessen beträchtlicher Restbestand eingestampft wurde, lud auch nicht gerade dazu ein. Einem schwächeren Charakter hätte solche Erfahrung wohl für alle Zeiten die Lust genommen, weiterhin um das Verständnis einer so offenkundig desinteressierten Mitwelt zu werben. Schopenhauer aber sah nunmehr, da sich unter seinen

Händen schon wieder soviel neuer Stoff für die Verbesserung und Ergänzung des Hauptwerkes angesammelt hatte, den Augenblick gekommen, zur Wegebnung für das weitere Schicksal seiner Lebensarbeit *Eine Erörterung der Bestätigungen, welche die Philosophie des Verfassers, seit ihrem Auftreten, durch die empirischen Wissenschaften erhalten hat* herauszugeben. Mit dieser Kennzeichnung als Untertitel ließ er 1836 die Schrift *Über den Willen in der Natur* erscheinen. Allein auch sie verfehlte ihren Zweck – jedenfalls sofern aus dem Verkaufserfolg eines Buches auf seine Wirkung geschlossen werden darf. Für Schopenhauer bedeutete diese umfangreiche Abhandlung so etwas wie die Protokollierung einer im stillen erfolgten und von der Öffentlichkeit unbeachtet gebliebenen Unterstützung seiner Grundansichten durch neuere Ergebnisse der wissenschaftlichen Forschung; wie er dies in der Vorrede der – neunzehn Jahre später! – möglich gewordenen Neuauflage formulierte: *Denn ausgehend vom rein Empirischen, von den Bemerkungen unbefangener, den Faden ihrer Specialwissenschaft verfolgender Naturforscher, gelange ich hier unmittelbar zum eigentlichen Kern meiner Metaphysik, weise die Berührungspunkte dieser mit den Naturwissenschaften nach und liefere so gewissermaßen die Rechnungsprobe zu meinem Fundamentaldogma, welches eben dadurch sowohl seine*

Schopenhauers Exlibris

nähere und speciellere Begründung erhält, als auch deutlicher, faßlicher und genauer, als irgendwo, in das Verständnis tritt. Die naheliegende Tatsache, daß dem Autor, im Zeitalter des rapiden Aufstiegs der Naturwissenschaften, für die zweite Auflage ein noch reicheres «Beweismaterial» zur Hand war als fast zwanzig Jahre vorher für die erste, setzt die wagemutige Originalität des ebenso schon der ersten Abfassung zugrunde liegenden Einfalls, die im Hauptwerk rein aus dem denkerischen Bewußtsein gewonnenen Erkenntnisse jetzt auf dem umgekehrten Wege, nämlich von der Untersuchung der einzelnen Naturerscheinungen aus, anzusteuern, nur in ein um so helleres Licht. In ihm wird erneut die ungemeine intellektuelle Redlichkeit unseres Philosophen sichtbar.

Mit dem *Willen in der Natur* trat Schopenhauer den Beweis dafür an, daß seine Metaphysik (wie er behauptete: *als die einzige*) «wirklich einen gemeinschaftlichen Grenzpunkt mit den physischen Wissenschaften habe, einen Punkt, bis zu welchem diese aus eigenen Mitteln ihr entgegenkommen, so daß sie wirklich sich an sie schließen und mit ihr übereinstimmen» ... *Daher* (so konstatiert er mit begreiflicher Genugtuung) *schwebt mein System nicht, wie alle bisherigen, in der Luft, hoch über aller Realität und Erfahrung; sondern geht herab zu diesem festen Boden der Wirklichkeit, wie die physischen Wissenschaften den Lernenden wieder aufnehmen.* In der Tat wird man Arthur Schopenhauer nicht die Anerkennung vorenthalten können, daß er, ohne das Recht des abstrakten Denkens auf ein Vordringen bis an die äußersten Grenzen seiner Reichweite zu bestreiten, doch als erster erkannte, daß dieses Denken nicht nur immer wieder von der Wahrnehmung, Beobachtung und Erfahrung der Lebenstatsachen ausgehen müsse, sondern daß es sich auch mit den Feststellungen der modernen Naturforschung auseinanderzusetzen, in einem gewissen Grade sich sogar vor ihnen zu rechtfertigen habe. Wie schon Kant gesehen hatte, «daß die allerersten Quellen von den Wirkungen der Natur durchaus ein Vorwurf der Metaphysik sein müssen», wies Schopenhauer, während er sich so stolz auf die Übereinstimmung seiner Lehre mit der naturwissenschaftlich beglaubigten Wirklichkeit berief, zugleich darauf hin, daß «die Physik ... also Naturwissenschaft überhaupt ... indem sie ihre eigenen Wege verfolge, in allen ihren Zweigen, zuletzt auf einen Punkt kommen müsse, bei dem ihre Erklärungen zu Ende sind»: *dieser eben ist das Metaphysische, welches sie nur als ihre Grenze, darüber sie nicht hinauskann, wahrnimmt, dabei stehn bleibt und nunmehr ihren Gegenstand der Metaphysik überläßt.* Und er vergleicht den Physiker auf der einen, den Metaphysiker auf der anderen Seite mit *Bergleuten, welche, im Schooße der Erde, zwei Stollen, von zwei weit von einander entfernten Punkten aus, gegen einander führen und, nachdem sie beiderseits lange, im unterirdischen Dunkel, auf Kompaß und Libelle allein vertrauend, gearbeitet haben, endlich die lang ersehnte Freude erleben, die gegenseitigen Hammerschläge zu vernehmen. Denn jene Forscher erkennen jetzt, daß sie den so lange vergeb-*

lich gesuchten Berührungspunkt zwischen Physik und Metaphysik, die, wie Himmel und Erde, nie zusammenstoßen wollten, erreicht haben, die Versöhnung beider Wissenschaften eingeleitet und ihr Verknüpfungspunkt gefunden ist. Mehr noch als um die bloße Rechtfertigung seiner Denkergebnisse vor dem Forum der modernen Naturwissenschaften war es Schopenhauer um dieses – wenn einmal ein etwas poetisierender Ausdruck erlaubt ist – Bergwerkserlebnis zu tun; und er versprach sich davon eine Popularisierung seiner Philosophie überhaupt.

Der Manifestation des *Willens in der Natur* wird in dieser Schrift von den wichtigsten zuständigen Wissens- und Forschungsdisziplinen aus nachgegangen. Es sind (in der Reihenfolge der Hauptabschnitte): Physiologie und Pathologie; Vergleichende Anatomie, Pflanzen-Physiologie, Physische Astronomie, Linguistik, Animalischer Magnetismus und Magie, Sinologie; den Schluß bildet eine *Hinweisung auf die Ethik.* Gemäß den schon im Hauptwerk niedergelegten Einsichten wird also als das in allen Erscheinungen zutage tretende Metaphysicum der Wille aufgezeigt. Daß er aller Materie zugrunde liegt, in den Eigenschaften aller Dinge und in sämtlichen Naturphänomenen, jeglichem physischen Vorgange wirksam ist, dies konnte der Philosoph hier an Hand naturwissenschaftlicher Zeugnisse, von denen manche selbst terminologisch seiner eigenen Erkenntnis auf halbem Wege oder gar noch weiter entgegenkamen, für alle vier Hauptstufen der Naturerscheinungen demonstrieren: für die anorganischen, die pflanzlichen, die tierischen und die menschlichen, bis in die feinsten Einzelheiten hinein. Das Gemeinsame aller Lebewesen und dennoch ihre Aufstufung zum Menschen hin, der all ihr Wesentliches in sich zusammenfaßt und es mit dem spezifisch Menschlichen überragt, erfuhr dabei eine neue begriffliche Darlegung: *Meine Zurückführung der Lebenskraft auf Willen steht ... der alten Eintheilung ihrer Funktionen in Reproduktionskraft, Irritabilität und Sensibilität durchaus nicht entgegen ... Die Reproduktionskraft, objektiviert im Zellgewebe, ist der Hauptcharakter der Pflanze und ist das Pflanzliche im Menschen. Wenn sie in ihm überwiegend vorherrscht, vermuthen wir Phlegma, Langsamkeit, Trägheit, Stumpfsinn (Böotier); wiewohl diese Vermuthung nicht immer ganz bestätigt wird. – Die Irritabilität, objektiviert in der Muskelfaser, ist der Hauptcharakter des Thieres, und ist das Thierische im Menschen. Wenn sie in diesem überwiegend vorherrscht, pflegt sich Behändigkeit, Stärke und Tapferkeit zu finden, also Tauglichkeit zu körperlichen Anstrengungen und zum Kriege (Spartaner). Fast alle warmblütigen Thiere und sogar die Insekten übertreffen an Irritabilität den Menschen bei Weitem. Das Thier wird sich seines Daseins am lebhaftesten in der Irritabilität bewußt: daher es in den Äußerungen derselben exultirt. Von dieser Exultation zeigt sich beim Menschen noch eine Spur als Tanz. – Die Sensibilität, objektiviert im Nerven, ist der Hauptcharakter des Menschen, und das ist das eigentlich Mensch-*

liche im Menschen. Kein Thier kann sich hierin mit ihm auch nur entfernt vergleichen. Überwiegend vorherrschend giebt sie G e n i e *(Athener). Demnach ist der Mensch von Genie in höherem Grade* M e n s c h. *Hieraus ist es erklärlich, daß einige Genies die übrigen Menschen, mit ihren eintönigen Physiognomien und dem durchgängigen Gepräge der Alltäglichkeit, nicht für Menschen haben anerkennen wollen: denn sie fanden in ihnen nicht ihres Gleichen und geriethen in den natürlichen Irrthum, daß ihre eigene Beschaffenheit die normale wäre.*

Es würde den Rahmen dieser Monographie sprengen, hier auch nur die eklatantesten Belege vorzuführen, die Schopenhauer für seine philosophische Grundansicht in den acht Kapiteln seiner Studie aus der wissenschaftlichen Fachliteratur der verschiedenen Gebiete, zum Teil direkt und expressis verbis, zum Teil indirekt, mittels logischer Folgerung zu entnehmen vermochte. Besondere Befriedigung gewährte es ihm indessen, seine Willenslehre auch in ihrer Anwendung auf die u n o r g a n i s c h e Natur als durch die empirische Wissenschaft bestätigt nachweisen zu können; wobei er es allerdings ausdrücklich ablehnte, dem Unorganischen darum auch L e b e n zuschreiben zu wollen. *Hingegen, daß dem Leblosen, dem Unorganischen, ein* W i l l e *beizulegen sei habe ich zuerst gesagt. Denn bei mir ist nicht, wie in der bisherigen Meinung, der Wille ein Accidens des Erkennens und mithin des Lebens; sondern das Leben selbst ist Erscheinung des Willens. Die Erkenntniß hingegen ist wirklich ein Accidens des Lebens und dieses der Materie. Aber die Materie selbst ist bloß die Wahrnehmbarkeit der Erscheinungen des Willens.*

Daß Schopenhauer in dem sinologischen Kapitel bei der Untersuchung der drei chinesischen Religionen: Taoismus, Weisheit des Konfuzius und Buddhaismus, seinen Argumentenschatz gegen den Monotheismus (*freilich eine ausschließlich jüdische Lehre*) um manche literarische Stütze bereichert fand und daß er jenen Religionen nachrühmen durfte, auch sie sähen – entgegen dem europäischen theistischen Optimismus – *das Dasein selbst als ein Übel, und die Welt als einen Schauplatz des Jammers* an, *auf welchem es besser wäre, sich nicht zu befinden* – das mußte ihm zur Verteidigung seiner philosophischen Position gegenüber der geschlossenen Front eines Alleingültigkeit beanspruchenden, unduldsamen christlichen Europäertums von erheblicher Bedeutung sein. Noch größere Genugtuung aber bereitete es ihm, aus dem Weisheitsgut des Tschu-fu-tze, der *im 12. Jahrhundert unserer Zeitrechnung gelebt hat und der berühmteste aller Chinesischen Gelehrten ist,* die Erklärung zitieren zu können: *daß der Geist des Himmels abzuleiten sei aus dem, was der Wille des Menschengeschlechts ist.* – In dem kurzen ethischen Exkurs endlich griff er späteren gründlicheren Ausführungen voraus mit der Kritik an Kants «Deus ex machina», dem *aus bloßen Begriffen herausgeklaubten kategorischen Imperativ,* und mit der Verweisung der Freiheit aus dem o p e r a r i in das e s s e (aus dem Handeln in das

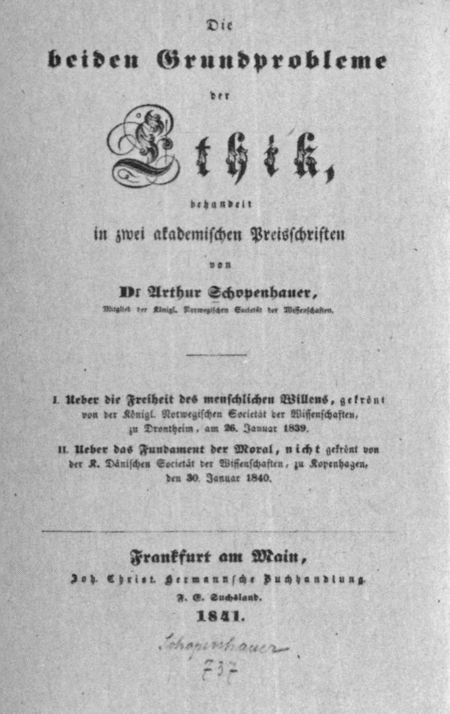

Die
beiden Grundprobleme
der
Ethik,
behandelt
in zwei akademischen Preisschriften
von
Dr Arthur Schopenhauer,
Mitglied der Königl. Norwegischen Societät der Wissenschaften.

I. Ueber die Freiheit des menschlichen Willens, gekrönt von der Königl. Norwegischen Societät der Wissenschaften, zu Drontheim, am 26. Januar 1839.

II. Ueber das Fundament der Moral, nicht gekrönt von der K. Dänischen Societät der Wissenschaften, zu Kopenhagen, den 30. Januar 1840.

Frankfurt am Main,
Joh. Christ. Hermannsche Buchhandlung.
F. E. Suchsland.
1841.

Sein) zur Erhärtung des Lehrsatzes, *daß Freiheit und Verantwortlichkeit, diese Grundpfeiler der Ethik, ohne die Voraussetzung der Aseïtät des Willens sich wohl mit Worten behaupten, aber schlechterdings nicht denken lassen.* Und er schließt sein erneutes Bekenntnis zu den «asketischen Resultaten seiner Ethik» lapidar: *Ich getröste mich demnach, daß meine Ethik, in Beziehung auf den Upanischad der heiligen Veden, wie auch auf die Weltreligion Buddha's, völlig orthodox ist, ja, selbst mit dem alten, ächten Christenthum nicht in Widerspruch steht. Gegen alle sonstigen Verketzerungen aber bin ich gepanzert und habe dreifaches Erz um die Brust.*

Das Jahr 1837 gab Schopenhauer zweimal Gelegenheit, seine Fähigkeit zur Verehrung und zur selbstlosen Mitwirkung am Ruhme der großen Gestalten seiner Geisteswelt zu bewähren. Einem Komitee für die Errichtung eines Goethe-Denkmals in Frankfurt reichte er ein privates Gutachten darüber ein, wie ein solches Monument nach seinem Dafürhalten auszusehen habe. In Übereinstimmung mit der Auffassung der Alten war er der Meinung, daß «Männern von Genie, also Dichtern, Philosophen und Gelehrten, die nur mit dem Kopfe der Menschheit gedient hätten, bloß eine Büste gebühre, weil sie keine heroische Stellung vertrügen, jede andere aber dem Spotte von irgend einer Seite zur Zielscheibe diene» (Gwinner). Die Büste aber wünschte er aus Marmor oder Bronze, auf einem Sockel, und von kolossaler Größe. Auf dem Sockel sollte kein Name stehen, sondern nur «Dem Dichter der Deutschen seine Vaterstadt». Natürlich wurde das Denkmal später in allen Punkten anders ausgeführt und bedeutete (nach dem Urteil der Kunstgeschichte von Kugler) ein «Nationalunglück». Allein das Goethe-Denkmal von Pompeo Marchesi, das von 1840 an im Vestibül der Frankfurter Stadtbibliothek aufgestellt war, fand Schopenhauers ungeteilte Zustimmung.

Die zweite ungefragte Einmischung erlaubte er sich, mit besserem Erfolg, im Fall Kant. Die beiden Professoren der Königsberger Universität Karl Rosenkranz und Wilhelm Schubert begannen in diesem Jahr mit der Edition der ersten Kant-Gesamtausgabe. Nun wandte sich Schopenhauer an die Herausgeber mit dem dringenden Appell, sie möchten nicht die zweite Fassung der «Kritik der reinen Vernunft» in die Sämtlichen Werke aufnehmen, sondern die erste, welche Kant in der zweiten Auflage durch Auslassungen und Hinzufügungen, die nicht seinem unbeeinflußten eigenen Denken entsprungen seien, *verstümmelt, verunstaltet und verdorben* habe. *Was ihn dazu bewog, war Menschenfurcht, entstanden durch Altersschwäche, welche nicht nur den Kopf angreift, sondern auch bisweilen dem Herzen jene Festigkeit nimmt, die nötig ist, um die Zeitgenossen mit ihren Meinungen und Absichten nach Verdienst zu verachten; ohne welches nie ein großer Mann wird. Man hatte ihm vorgeworfen, seine Lehre wäre nur aufgefrischter Berkleyanischer Idealismus; sodann hatte sein Umstoßen geheiligter Lehren des alten Dogmatismus, namentlich der rationalen Psychologie, Ärgernis gegeben. Dazu kam von außen, daß der große König, der Freund des Lichts und Beschützer der Wahrheit, eben gestorben war, und jener Nachfolger, dem K. bald versprechen mußte, nicht mehr zu schreiben, ihm sukzediert hatte. Durch dieses alles ließ Kant sich intimidieren und hatte die Schwäche zu tun, was seiner nicht würdig war.* – Diesmal wurde Schopenhauers Mahnung, die mit der Formel Dixi & animam salvavi geschlossen hatte, tatsächlich befolgt.

DIE BEIDEN GRUNDPROBLEME DER ETHIK

Das zuletzt in der Schrift über den *Willen in der Natur* angeschlagene Thema «Ethik» erfuhr jetzt eine gesonderte, erschöpfende Behandlung durch zwei Untersuchungen, die sich äußerem Anstoß, nämlich akademischen Ausschreibungen, verdankten. Der Autor ließ sie 1841 erscheinen unter dem zusammenfassenden Titel *Die beiden Grundprobleme der Ethik* mit den Untertiteln: *I. Ueber die Freiheit des menschlichen Willens, gekrönt von der K. Norwegischen Societät der Wissenschaften, zu Drontheim, am 26. Januar 1839; II. Ueber das Fundament der Moral, nicht gekrönt von der K. Dänischen Societät der Wissenschaften, zu Kopenhagen, am 30. Januar 1840.* (Es ist charakteristisch für unseren Philosophen, daß bei ihm die ironische Kennmarke nicht *gekrönt* um nichts weniger stolz klingt als das triumphierende *gekrönt*!) In ihren Hauptzügen haben wir Schopenhauers Ethik, sowohl, was seine Gedanken zur Frage der Willensfreiheit, als auch, was seine Begründung der Moral betrifft, bei der Darlegung des wesentlichen Aussageinhalts der *Welt als Wille und Vorstellung* wie des *Willens in der Natur* bereits umrissen. Alles, was Schopenhauer zu dieser Thematik zu sagen hat, läuft auf den Nachweis hinaus, daß der menschliche Wille nicht im Handeln frei sei, sondern im Sein; und daß Moral sich vernünftigerweise auf gar nichts anderes zu gründen vermöge als auf das Mit-Leiden, das Sich-Identifizieren mit dem anderen Menschen, vielmehr: mit allen anderen Lebewesen. Hier wird nun – in der ersten Preisschrift – zunächst der Begriff der Freiheit geklärt, und zwar als ein negativer, durch den wir *nur die Abwesenheit alles Hindernden und Hemmenden* denken; *dieses hingegen muß, als Kraft äußernd, ein Positives sein. Der möglichen Beschaffenheit dieses Hemmenden entsprechend hat der Begriff drei sehr verschiedene Unterarten: physische, intellektuelle und moralische Freiheit.* Physisch frei ist der Mensch oder das Tier, wenn er oder es durch keinen Zwang von außen in seiner Bewegung behindert ist. Intellektuell frei ist der Mensch, wenn sein Intellekt oder sein Erkenntnisvermögen, als *Medium der Motive, durch welches nämlich hindurch sie auf den Willen, welcher der eigentliche Kern des Menschen ist, wirken, ... seine Funktionen regelrecht vollzieht und daher die Motive unverfälscht, wie sie in der realen Außenwelt vorliegen, dem Willen zur Wahl darstellt;* dann kann sich dieser *seiner Natur, d. h. dem individuellen Charakter des Menschen gemäß, entscheiden, also ungehindert, nach seinem selbsteigenen Wesen sich äußern* ... Was nun aber die moralische, also die eigentliche Willensfreiheit angeht, so gilt es, zu erforschen, ob der Wille notwendigerweise (im Sinne des Satzes vom Grunde) jeweils durch ein gegebenes Motiv bestimmt werde; oder ob er nicht zwischen verschiedenen Motivationen zu wählen vermöge, da doch *ein Motiv nie an sich selbst unwiderstehlich sein, nie eine unbedingte Gewalt haben, sondern immer noch möglicherweise durch ein stärkeres Gegenmotiv überwogen werden könne?* Ob es also, entsprechend dem physisch, mathematisch oder auch logisch Notwendigen, ein moralisch Notwendiges gebe? In diesem Falle könnte nicht die Rede davon sein, daß der Wille frei sei. Gäbe es jedoch ein moralisch Notwendiges nicht, und wäre der Wille durch gar nichts unbedingt bestimmt, gingen *seine einzelnen Äußerungen (Willensakte) also schlechthin und ganz ursprünglich aus ihm selbst hervor, ohne durch vorhergängige Bedingungen nothwendig herbeigeführt, also auch ohne durch irgend etwas, einer Regel gemäß, bestimmt zu sein,* so wäre dieser Wille freilich tatsächlich frei. Hierbei aber *geht das deutliche Denken uns deshalb aus, weil der Satz vom Grunde, in allen seinen Bedeutungen, die wesentliche Form unseres gesammten Erkenntnißvermögens ist, hier aber aufgegeben werden soll.* Doch *fehlt es auch für diesen Begriff* (eines, wie beschrieben, freien Willens) *nicht an einem terminus technicus: er heißt liberum arbitrium indifferentiae.* Sein Merkmal ist, *daß einem damit begabten menschlichen Individuo, unter gegebenen, ganz individuell und durchgängig bestimmten äußeren Umständen, zwei einander diametral entgegengesetzte Handlungen gleich möglich sind.*

Um der damit gekennzeichneten Problematik beizukommen, befragt Schopenhauer das menschliche Bewußtsein in seinen beiden Formen: dem Bewußtsein des eigenen Selbst und dem Bewußtsein anderer Dinge. Die Betrachtung über den Willen vor dem Selbstbewußtsein führt zu dem Resultat: *jene unleugbare Aussage des Selbstbewußtseins «ich kann thun was ich will» enthält und entscheidet durchaus nichts über die Freiheit des Willens, als welche darin bestehen würde, daß der jedesmalige Willensakt selbst, im einzelnen individuellen Fall, also bei gegebenem individuellen Charakter, nicht durch die äußeren Umstände, in denen hier dieser Mensch sich befindet, nothwendig bestimmt würde, sondern jetzt so und auch anders ausfallen könnte. Hierüber aber bleibt das Selbstbewußtsein völlig stumm: denn die Sache liegt ganz außer seinem Bereich, da sie auf dem Kausalverhältniß zwischen der Außenwelt und dem Menschen beruht.* Die fernere Untersuchung muß daher dem Willen vor dem Bewußtsein anderer Dinge gelten; und dann wird sich, als Antwort auf die gestellte Kardinalfrage, ergeben: *Du kannst thun was du willst: aber du kannst, in jedem gegebenen Augenblick deines Lebens, nur Ein Bestimmtes wollen und schlechterdings nicht Anderes, als dieses Eine.* Denn wenn auch der Mensch die auf seinen Willen einwirkenden Motive gegeneinander abzuwägen, sonach sich zwischen Gründen und Gegengründen seines möglichen Tuns scheinbar frei zu entscheiden vermag, so wird doch schließlich stets mit Notwendigkeit das jeweils stärkste Motiv seinen Willen bestimmen. Nun aber gibt es ja keine allgemeingültige Größenordnung der möglichen Motive nach ihrer Wirkungsstärke; vielmehr hängt die durchaus unterschiedliche Art der Menschen, auf dieselben Motive zu reagieren, von eben jener ganz individuellen Beschaffenheit des Willens in jedem menschlichen Einzelwesen ab, welche man seinen Charakter nennt. Der Charakter ist individuell, empirisch, angeboren und unveränderlich (seine scheinbaren Veränderungen, wie sie etwa in unterschiedlichen Verhaltensweisen bei gleichen Motiven während verschiedener Lebensalter sichtbar werden, bezeugen lediglich die Erweiterung des Erkenntniskreises). Aus dem Charakter entspringt mit Notwendigkeit die Folge ganz bestimmter Handlungen auf ganz bestimmte Motive hin. Anders gesagt: Das Handeln des Menschen folgt unausweichlich aus der Einwirkung eines (des für ihn jeweils «stärksten») Motivs auf seinen Charakter. Womit die Unfreiheit des Wollens im menschlichen Individuum besiegelt ist.

Aus dieser Feststellung müßte nun freilich hervorgehen, daß der Mensch für sein Tun in keinem Sinne verantwortlich wäre; daß es mithin auch keine vernünftige Begründung geben könne für eine Unterscheidung guter oder böser Taten, moralischer oder unmoralischer Handlungen. Jegliche Erörterung ethischer Fragen würde sich wegen faktischer Gegenstandslosigkeit erübrigen. Allein: wäre es so, dann gäbe es keine Erklärung für die Tatsache des Verantwortlichkeitsgefühls, welches nicht nur in jedem edleren Menschen (mindestens rudimentär in jedem Menschen überhaupt) lebt und wirkt, sondern auch von der menschlichen Gemeinschaft dem Einzelnen gegenüber geltend gemacht wird. Die Verantwortlichkeit ist *das alleinige Datum ... welches auf moralische Freiheit zu schließen berechtigt;* darum *muß auch die Freiheit ebendaselbst liegen, also im Charakter des Menschen; um so mehr, als wir uns hinlänglich überzeugt haben, daß sie unmittelbar in den einzelnen Handlungen nicht anzutreffen ist, als welche, unter Voraussetzung des Charakters, streng necessitirt eintreten.*

Hier nun greift Schopenhauer auf die Lehre zurück, *welche Kant von dem Verhältniß zwischen empirischem und intelligiblem Charakter und dadurch von der Vereinbarkeit der Freiheit mit der Nothwendigkeit gegeben hat, und welche zum Schönsten und Tiefgedachtesten gehört, was dieser große Geist, ja, was Menschen jemals hervorgebracht haben.* Jene Kantische Lehre *beruht ganz und gar auf dem, was den Grundzug seiner gesammten Philosophie ausmacht, nämlich auf der Unterscheidung zwischen Erscheinung und Ding an sich: und wie bei ihm die vollkommene empirische Realität der Erfahrungswelt zusammenbesteht mit ihrer transcendentalen Idealität; ebenso die strenge empirische Nothwendigkeit des Handelns mit dessen transcendentaler Freiheit.* Der empirische Charakter ist, wie der ganze Mensch, bloße Erscheinung und daher an Zeit, Raum und Kausalität gebunden; der intelligible Charakter, *d. h. sein Wille als Ding an sich*, ist unabhängig vom Gesetz der Kausalität (als einer bloßen Form der Erscheinungen); ihm kommt also absolute Freiheit zu. *Diese Freiheit aber ist eine transcendentale, d. h. nicht in der Erscheinung hervortretende, sondern nur insofern vorhandene, als wir von der Erscheinung und allen ihren Formen abstrahiren, um zu dem zu gelangen, was, außer aller Zeit, als das innerste Wesen des Menschen an sich selbst zu denken ist. Vermöge dieser Freiheit sind alle Thaten des Menschen sein eigenes Werk; so nothwendig sie auch aus dem empirischen Charakter, bei seinem Zusammentreffen mit den Motiven, hervorgehen ... Dieser Weg führt ... dahin, daß wir das Werk unserer Freiheit nicht mehr, wie es die gemeine Ansicht thut, in unsern einzelnen Handlungen, sondern im ganzen Sein und Wesen (existentia et essentia) des Menschen selbst zu suchen haben, welches gedacht werden muß als seine freie That, die bloß für das an Zeit, Raum und Kausalität geknüpfte Erkenntnißvermögen in einer Vielheit und Verschiedenheit von Handlungen sich darstellt, welche aber, eben wegen der ursprünglichen Einheit des in ihnen sich Darstellenden, alle genau den selben Charakter tragen müssen und daher als von den jedesmaligen Motiven, von denen sie hervorgerufen und im Einzelnen bestimmt werden, streng necessitirt erscheinen. Demnach steht für die Welt der Erfahrung das Operari sequitur esse ohne Ausnahme fest ... im Esse allein liegt die Freiheit; aber aus ihm und den Motiven folgt das Operari mit Nothwendigkeit; und an dem was wir thun, erkennen wir was wir sind.*

Über die zweite Preisschrift, welche die Grundlage der Moral zum Untersuchungsgegenstand hat, setzte Schopenhauer als Motto einen Satz aus dem *Willen in der Natur*: *Moral predigen ist leicht, Moral begründen schwer.* Das ist eines jener Schopenhauer-

Worte – wie es deren viele gibt –, die in geradezu herzerfrischender Klarheit einen Sachverhalt aussprechen, den nur immer mehr zu verschleiern fast alle, ob früheren, ob späteren Erörterungen von anderer Seite das Ihrige getan haben; und zwar deshalb, weil in der betreffenden Angelegenheit viel zu viele und zu mächtige dogmatische Konventionen mitreden, als daß die denkerische Unerschrockenheit, die erforderlich ist, sie außer Kraft zu setzen, anders denn als beinahe monströser Ausnahmefall zu finden sein könnte. Daraus erklärt sich auch hinlänglich die «Nichtkrönung» einer der hervorragendsten Leistungen der neueren Philosophie.

Moral zu predigen, ist ein Hauptanliegen jeder Religion, jeder Weltanschauung, fast jeder Philosophie und sogar eines jeden Staatswesens und seiner Funktionäre. Mit nichts wird soviel Mißbrauch getrieben wie mit dem Moralpredigen: man spricht von Sorge um die guten Sitten und meint die Erziehung zur Bravheit derer, die man beherrschen will. Daher die Beliebtheit der Gebotsform, die Betonung der Pflicht, die Konstruktion eines unbeweisbaren Sollens. Mit einer Begründung, gegen die es schlechthin keinen Einwand hätte geben können, haperte es aber noch jederzeit und überall. Schopenhauers Versuch darf zweifellos als der gelungenste gelten, da er das Thema von allen Verunklarungen durch falsch oder willkürlich Vorgedachtes reinigte und aus dem Wust der ideologischen Begriffsfesseln den innersten menschlichen Kern der Sache herausschälte, um ihn in seiner ganzen tiefen Bedeutung dem Bewußtsein einer Menschheit einzuprägen, die vor lauter Moralgeschwätz ihn immer mehr aus den Augen verloren hat.

Die theologischen Moralbegründungen scheiden aus der philosophischen Betrachtung aus, da ihre Basis für diese Denkweise keine Tragfähigkeit besitzt. Sie ermangeln jedoch auch insofern der Überzeugungskraft, als, von der Unbeweisbarkeit Gottes ganz abgesehen, *ein bloß durch angedrohte Strafe und verheißene Belohnung zu Wege gebrachtes moralisches Handeln mehr dem Scheine als der Wahrheit nach ein solches sein würde; weil es ja im Grunde auf Egoismus beruhte* ... Nicht ebenso leicht wie die Argumente der landläufigen Moraltheologie sind für autoritätsgläubige Köpfe diejenigen der Kantischen Ethik zu entkräften, deren Ansehen zu Schopenhauers Zeit nahezu unantastbar war, und die noch heute von vielen für der sittlichen Weisheit letzten Schluß gehalten wird. Ihre kritische Überprüfung füllt annähernd die Hälfte dieser ganzen Schrift aus und führt den Leser von der ausgesprochenen Absicht, *die praktische Vernunft und den kategorischen Imperativ Kants als völlig unberechtigte, grundlose und erdichtete Annahmen nachzuweisen, darzuthun, daß auch Kants Ethik eines soliden Fundaments ermangelt* ... bis zu der abschließenden Erklärung, daß *also auch Kants Begründung der Ethik ... vor unsern Augen in den tiefen, vielleicht unausfüllbaren Abgrund der philosophischen Irrthümer* versinke und sich *als eine bloße Verkleidung der theologischen Moral* erweise. Die dazwischenliegende Wegstrecke philosophischer Sondierung folgt als ihrem «Leitfaden» vor allem der Kantischen «Grundlegung zur Metaphysik der Sitten» und zieht daneben die «Kritik der praktischen Vernunft» und die «Metaphysischen Anfangsgründe der Tugendlehre» *nur accessorisch und sekundär* in Betracht.

Schopenhauers erster Angriff geht gegen Kants Behauptung, in einer praktischen Philosophie sei es nicht darum zu tun, «Gründe anzugeben von dem was geschieht, sondern Gesetze von dem was geschehen soll, ob es gleich niemals geschieht». Da aber Kant den Beweis dafür, daß es, *außer dem Gesetze der Motivation, noch andere ursprüngliche und von aller Menschensatzung unabhängige Gesetze für den Willen* gebe, schuldig geblieben sei, habe *die Einführung des Begriffes Gesetz, Vorschrift, Soll in der Ethik keinen anderen Ursprung ... als einen der Philosophie fremden, den Mosaischen Dekalog.* Mit der Ausschaltung des Gesetzes-Begriffs ist auch der Pflicht-Begriff als für die Ethik unzuständig abgetan. *Jedes Sollen ist ... nothwendig durch Strafe, oder Belohnung bedingt, mithin, in Kants Sprache zu reden, wesentlich und unausweichbar hypothetisch und niemals, wie er behauptet, kategorisch.* Jede imperative Form der Ethik, jede «Pflichtlehre» also, ist ausschließlich theologischer Herkunft und hält unabhängigem philosophischem Denken nicht stand.

Die breite Auseinandersetzung mit Kants Begründung seines Moralgesetzes führt Schopenhauer zu der bündigen Erklärung, daß jene Begründung *keineswegs die empirische Nachweisung desselben als einer Thatsache des Bewußtseins, noch eine Appellation an das moralische Gefühl, noch eine petitio principii unter dem vornehmen modernen Namen eines «absoluten Postulats»; sondern ...* ein sehr subtiler Gedankenprozeß sei. *Da Kant, indem er alle empirischen Triebfedern des Willens verschmähete, alles Objektive und alles Subjektive, darauf ein Gesetz für dieselben zu gründen wäre, als empirisch, zum voraus weggenommen* hat; so bleibt *ihm zum Stoff dieses Gesetzes nichts übrig, als dessen eigene Form. Diese nun ist eben nur die Gesetzmäßigkeit. Die Gesetzmäßigkeit aber besteht im Gelten für Alle, also in der Allgemeingültigkeit. Diese demnach wird zum Stoff. Folglich ist der Inhalt des Gesetzes nichts Anderes, als seine Allgemeingültigkeit selbst. Demzufolge wird es lauten: «Handle nur nach der Maxime, von der du zugleich wollen kannst, daß sie allgemeines Gesetz für alle vernünftigen Wesen werde.» Dieses also ist die so allgemein verkannte, eigentliche Begründung des Moralprincips Kants, mithin das Fundament seiner ganzen Ethik.* Von der freilich evidenten Fragwürdigkeit dieses Fundaments geht Schopenhauer nun zur Kritik der Kant-Nachfolge über. *Mehr und mehr ... erscheint in der Kantischen Schule die praktische Vernunft mit ihrem kategorischen Imperativ als eine hyperphysische Thatsache, als ein Delphischer Tempel im menschlichen Gemüth, aus dessen finsterem Heiligthum Orakelsprüche, zwar leider nicht was geschehen wird, aber doch was geschehen soll, untrüglich verkündigen.* Und nun geißelt Schopenhauer alle *Philosophaster und Phantasten*, indem er feststellt, daß sie aus *jener einzigen von Kant gemachten falschen Annahme einer mit völlig transcendenten Kreditiven ausgestatteten und, wie die höchsten Appellationshöfe «ohne Gründe» entscheidenden praktischen Vernunft* die der *strengen, nüchternen kritischen Philosophie heterogensten Lehren* entwickelt hätten. Als *Heroen dieser Periode* nennt er Fichte, Schelling und Hegel nebst dem *Chorus* von *allerlei Philosophieprofessoren, welche, mit ernsthafter Miene, vom Unendlichen, vom Absoluten und vielen anderen Dingen, von denen sie schlechterdings nichts wissen konnten, ihrem Publico vorerzählten.* Womit das Philosophieren den *Charakter der Redlichkeit* eingebüßt habe. – Was er unter philosophischer Redlichkeit versteht, deutet Schopenhauer hier kurz, aber präzise an: das *gemeinschaftliche Forschen mit dem Leser.* Das will heißen: das strenge Verbleiben des Denkens und seines Vortrags im Rahmen dessen, was jeder gesunde und geschulte Intellekt mitzudenken, mitzufolgern, einzusehen und durch die erfahrbare Wirklichkeit bestätigt zu finden vermag.

Jeder imperativen Form der Moralbegründung entgegen, setzt Schopenhauer nunmehr der Ethik den Zweck, *die in moralischer Hinsicht höchst verschiedene Handlungsweise der Menschen zu deuten, zu erklären und auf ihren letzten Grund zurückzuführen.* Nur auf dem empirischen Wege der Untersuchung, *ob es überhaupt Handlungen giebt, denen wir ä c h t e n m o r a l i s c h e n W e r t zuerkennen müssen, – welche die Handlungen freiwilliger Gerechtigkeit, reiner Menschenliebe und wirklichen Edelmuths sein werden* – nur auf diesem Wege kann das wahre Fundament der Moral gefunden werden; und dem so ergründeten Fundament der Moral *steht die Erfahrung zur Seite und legt täglich und stündlich ihr stilles Zeugniß für dasselbe ab.*

Um die wahre Triebfeder des moralischen Handelns zu entdecken, muß zuvor nach der allgemein vorherrschenden H a u p t- u n d G r u n d t r i e b f e d e r des Verhaltens der Menschen wie der Tiere gefragt werden. Diese ist offenkundig amoralischer Natur: nämlich der E g o i s m u s als *Drang zum Dasein und Wohlsein.* Der natürliche Egoismus ist grenzenlos; ja, er *ist kolossal, er überragt die Welt.* Nicht aus pessimistischem Vorurteil, sondern aus reiner Erfahrung ist die Triebfeder jeder gegebenen Handlung zunächst einmal im Egoismus zu suchen. Außer der ursprünglich eigentlich bloß amoralischen Triebfeder des Egoismus, dem es nur auf das eigene Wohl ankommt, gibt es aber auch die a n t i moralische der G e h ä s s i g k e i t, die auf das fremde Wehe ausgeht. Beide Triebfedern verursachen die Ausbildung ihnen gewissermaßen zugehöriger Eigenschaften. Aus dem E g o i s m u s entspringen: Gier, Völlerei, Wollust, Eigennutz, Geiz, Habsucht, Ungerechtigkeit, Hartherzigkeit, Stolz, Hoffart usw.; aus der G e h ä s s i g k e i t: Mißgunst, Neid, Übelwollen, Bosheit, Schadenfreude, spähende Neugier, Verleumdung, Insolenz, Petulanz, Haß, Zorn, Verrat, Tücke, Rachsucht,

Grausamkeit usw. *Die erste Wurzel ist mehr thierisch, die zweite mehr teuflisch.* Die Hauptmacht gegen den Egoismus nun ist: Gerechtigkeit, *welche... die erste und recht eigentliche Kardinaltugend ist;* die Hauptmacht gegen Übelwollen und Gehässigkeit: die Tugend der Menschenliebe. Daß es diese Tugenden gibt, und Menschen, die ihnen gemäß handeln, ist nicht abzuleugnen; wäre dies möglich, dann würde *die Moral eine Wissenschaft ohne reales Objekt sein... und es wäre verlorene Zeit, über ihre Grundlage noch ferner zu disputieren.* Es sind aber allein die Handlungen dieser Art, denen man eigentlichen moralischen Wert zugesteht. Anders ausgedrückt: *Die Abwesenheit aller egoistischen Motivation ist also das Kriterium einer Handlung von moralischem Werth.*

Gerechtigkeit und Menschenliebe wurzeln beide in dem natürlichen Mitleid. *Dieses Mitleid selbst aber ist eine unleugbare Thatsache des menschlichen Bewußtseins, ist diesem wesentlich eigen, beruht nicht auf Voraussetzungen, Begriffen, Religionen, Dogmen, Mythen, Erziehung und Bildung; sondern ist ursprünglich und unmittelbar, liegt in der menschlichen Natur selbst...* Daher man den, der seiner gänzlich ermangelt, einen Unmenschen nennt, während «Menschlichkeit» oft als Synonym von Mitleid gebraucht wird. Der erste Grad der Wirksamkeit *dieser ächten und natürlichen moralischen Triebfeder* ist nur negativ: aus der Tugend der Gerechtigkeit entspringt der Grundsatz *neminem laede* (verletze niemanden); der zweite Grad der Wirksamkeit des Mitleids ist positiv: aus der Menschenliebe entspringt der Grundsatz *omnes, quantum potes, juva* (hilf allen, soviel du kannst).

Was Schopenhauer hier im weiteren zur Erläuterung der Gerechtigkeit, zu den Begriffen «Recht» und «Unrecht» ausführt, erfährt wichtige Ergänzungen in dem Kapitel *Zur Ethik* im zweiten Band des Hauptwerks. Hier können aus der Gesamtdarstellung nur einige kurze Hinweise gegeben werden. So etwa auf die (man sollte meinen: überflüssige, hingegen moderner Denkweise keineswegs selbstverständliche) Erklärung, daß es «Pflicht» nur geben könne auf Grund einer freiwillig eingegangenen Verpflichtung. Oder auf die (ebenso unantastbare) Definition des Staates als einer Einrichtung zu dem einzigen Zwecke, die Einzelnen voreinander und das Ganze vor äußeren Feinden zu schützen. Ferner auf die Begründung des Eigentumsrechts auf Bearbeitung der Dinge. Oder endlich auf die Betrachtung über den ethischen Unterschied der Charaktere.

Von durchaus nicht nur individuell bedingter, sondern überpersönlicher und grundsätzlicher Bedeutung ist nun aber die Einbeziehung der Tierwelt in die Argumentation. *Die vermeinte Rechtlosigkeit der Thiere, der Wahn, daß unser Handeln gegen sie ohne moralische Bedeutung sei, oder, wie es in der Sprache jener* (europäischen) *Moral heißt, daß es gegen Thiere keine Pflichten gebe, ist geradezu eine empörende Rohheit und Barbarei des Occidents...* All-

Schopenhauer mit seinem Pudel. Holzschnitt von Johann Jakob Ettling. 1888 in der «Frankfurter Latern» erschienen

zu berechtigterweise wirft Schopenhauer dem Christentum als Mangel vor, daß es die Tiere nicht berücksichtige. Ebenso berechtigt ist seine Feststellung, Mitleid mit Tieren hänge mit der Güte des Charakters *so genau zusammen, daß man zuversichtlich behaupten darf, wer gegen Thiere grausam ist, könne kein guter Mensch sein.* Wie wenig jedoch dieses Thema mit Sentimentalität zu tun hat, wie eng es vielmehr mit der Moralbegründung verbunden ist, wie sehr es sowohl an sich als auch hinsichtlich der metaphysischen Aspekte dieser Moralbegründung in den großen Zusammenhang der Schopenhauerschen Weltanschauung gehört: das wird schließlich klar, wenn wir das Wesentliche eines «guten Charakters» dahin gekennzeichnet finden, daß ein solcher *weniger als die Übrigen einen Unterschied zwischen sich und Andern macht.* Daß der Mensch imstande ist, die Schranke zwischen Ich und Nichtich, für den Augenblick, aufzuheben, indem er Bedürfnis, Not und Leiden des anderen Menschen als seine eigenen empfindet und sie zu Motiven seines Handelns macht, hatte der Philosoph bei näherer Erörterung der Menschenliebe einen *mysteriösen* Vorgang genannt. Auf der damit betretenen Ebene ist von der *mysteriösen* Identifizierung des Menschen mit Seinesgleichen nur ein kurzer Schritt dorthin, wo das *Tat twam asi* wiederum entscheidendes Gewicht bekommt: die Wahrheit von der metaphysischen Identität alles Lebenden. *Diese Identität ist aber eigentlich nur im Zustande der Verneinung des Willens (Nirwana) vorhanden, da seine Bejahung (Sansara) die Erscheinung desselben in der Vielheit zur Form hat. Bejahung des Willens zum Leben, Erscheinungswelt, Diversität aller Wesen, Individualität, Egoismus, Haß, Bosheit entspringen aus einer Wurzel; und eben so andererseits Welt des Dinges an sich, Identität aller Wesen, Gerechtigkeit, Menschenliebe, Verneinung des Willens zum Leben. Wenn nun, wie ich genugsam gezeigt habe, schon die moralischen Tugenden aus dem Innewerden jener Identität aller Wesen entstehen, diese aber nicht in der Erscheinung, sondern nur im Ding an sich, in der Wurzel aller Wesen liegt; so ist die tugendhafte Handlung ein momentaner Durchgang durch den Punkt, zu welchem die bleibende Rückkehr die Verneinung des Willens zum Leben ist.*

Das letzte Zitat, mit welchem der Kreis des ganzen Gedankensystems sich wieder geschlossen hat, entstammt nicht der ungekrönten Preisschrift, sondern dem schon erwähnten «Ethik»-Kapitel des Hauptwerks. An dessen Ergänzungsband hatte Schopenhauer – wie bereits mehrfach berichtet – in all den langen, seit dem ersten Erscheinen des Werkes vergangenen Jahren unablässig gearbeitet. 1843 war dieser «Zweite Teil» vollendet. Und nun erschien es dem Autor an der Zeit, eine Neuauflage zu veranstalten. Er fragte bei Brockhaus an und wies dabei besonders auf die Wichtigkeit des hinzukommenden Bandes hin: *Dieser zweite Band hat bedeutende Vorzüge vor dem ersten und verhält sich zu diesem wie das ausgemalte Bild zur bloßen*

Skizze. Denn er hat die Gründlichkeit und den Reichtum von Gedanken und Kenntnissen voraus, welche nur die Frucht eines ganzen, unter stetem Studium und Nachdenken hingebrachten Lebens sein können. Jedenfalls ist er das Beste, was ich geschrieben habe. Selbst der erste Band wird erst durch ihn in seiner ganzen Bedeutsamkeit hervortreten. Auch habe ich mich jetzt viel freier und unumwundener aussprechen können als vor vierundzwanzig Jahren: teils weil die Zeit in dieser Art schon mehr verträgt, teils weil die erreichten Jahre, wie gesicherte Unabhängigkeit und entschiedene Lossagung vom Universitätswesen mir jetzt ein festeres Auftreten erlauben.

Eine bessere Charakteristik für das Verhältnis des neuen zweiten Teils zum ersten, als die durch den Vergleich Bild und Skizze, läßt sich nicht finden. In den fünfzig Kapiteln der vier Bücher des Bandes werden zahlreiche Einzelthemen, welche in den Ausführungen des ersten Bandes mehr nur vom abstrakten Denken umkreist wurden, von der ganzen Vielseitigkeit ihrer möglichen Aspekte aus betrachtet und durchdacht. Es ergeben sich dadurch eine Reihe in sich gerundeter Abhandlungen, die zwar fest und unlösbar mit den entsprechenden Gedankengängen des ersten Teils verquickt sind, doch sehr wohl auch für sich allein lesbar und jedem mit den Grundansichten Schopenhauers vertrauten Leser faßbar sind. Und wie schon an einer früheren Stelle dieser Monographie angemerkt wurde, daß es viele Schopenhauer-Verehrer gibt lediglich auf Grund ihrer Kenntnis der späteren Schriften (deren bald noch zu gedenken sein wird), so steht fest, daß so manche Bewunderer der *Welt als Wille und Vorstellung* sich das Verständnis dieses zentralen Werks vor allem oder gar ausschließlich durch die Lektüre des zweiten Bandes erworben haben. Der Philosoph selbst, sonst streng darauf bedacht, die Unerläßlichkeit der lückenlosen, mit dem Autor gemeinsam von Wort zu Wort fortschreitenden Lektüre für das Begreifen seines komplizierten geistigen Bauwerks wieder und wieder zu betonen, räumte die Möglichkeit ein, den Leser vom zweiten Band her auf den ersten *begierig zu machen* – trotz der Erklärung, daß das gründliche Verständnis des zweiten die Kenntnis des ersten voraussetze. Aber Schopenhauer war zu sehr Realist, um nicht zu wissen: Anhängerschaften – auch die von Urhebern philosophischer Systeme – rekrutieren sich nun einmal nicht nur aus Menschen, die imstande sind, ihnen ihre Gedanken auf den strengstens geregelten Wegen denktechnisch geschulten, abstrakt-begrifflichen Folgerns nachzudenken. Die Mehrzahl wird sich eher von dem gewissermaßen angewandten als vom aus sich selbst entwickelten Denken gewinnen lassen; eher durch die deutlicher sprechenden Farben und Formen des «Bildes» als durch die mehr oder minder noch geheimen Chiffren der Skizze gefesselt und überzeugt werden. Im Sinne dieser unbezweifelbaren Tatsache hat sich auch der mit der ersten Neuauflage des Hauptwerks nachgelieferte, ebenso umfangreiche zweite Band dahin ausgewirkt, daß erst nach seinem Erscheinen das Interesse an Schopenhauer wach wurde und weitere Kreise zu ziehen begann. Aus der Fülle seiner Titel, die sämtlich jeweils die lebensvollste Thematik in sich bergen und mit ihren Ausführungen im gleichen Grade Wirklichkeit mit dem Denken durchdringen wie dem Denken immer neuen Stoff aus der Wirklichkeit zuführen, können hier nur einige genannt werden, die nachmals im Bewußtsein vieler Leser fast programmatische Bedeutung angenommen haben: *Zur Theorie des Lächerlichen, Zur Rhetorik, Über die Gedankenassociation, Über das metaphysische Bedürfnis des Menschen, Vom Genie, Über das innere Wesen der Kunst, Über Geschichte, Zur Metaphysik der Musik, Über den Tod und sein Verhältnis zur Unzerstörbarkeit unseres Wesens an sich, Erblichkeit der Eigenschaften* und *Metaphysik der Geschlechtsliebe.* Die Kapitel über das Genie, das Wesen der Kunst und insbesondere über die Metaphysik der Musik sind es, die vor allem, begreiflicherweise, dem Philosophen das innigste Einverständnis manches nicht nur durch Talent, sondern durch sein geistiges Größenmaß hervorragenden Künstlers eingetragen haben. Die Argumente zur Ergründung des metaphysischen Bedürfnisses des Menschen überhaupt aber verdienen deshalb Beachtung, weil sie, schlechthin unwiderlegbar, das stärkste Bollwerk gegen die gedanklichen Primitivismen jeglicher materialistisch-mechanistischen Welterklärung bilden, das jemals von einem wahrhaft unbestechlichen Intellekt und unerschrockenen Charakter errichtet und verteidigt wurde. Diesem Kapitel eignet daher eine zeitlich unbegrenzte Aktualität – so lange, wie der modernen Wissenschaft die Simplizität ihrer Art, aus richtigen Forschungsergebnissen falsche philosophische Schlüsse zu ziehen, nicht aufgegangen ist. Ebenso aufhellend ist das Kapitel über den Tod und die Unzerstörbarkeit unseres Wesens an sich, auch wenn man Schopenhauers pessimistische Grundansicht in Anbetracht ihrer ungeklärt bleibenden gerade metaphysischen Konsequenzen (denn solche muß es, ungeachtet ihrer intellektuellen Unerreichbarkeit, geben) nicht zu teilen bereit sein sollte. Vornehmlich von Gewicht erscheint in dieser Betrachtung die betonte Aufmerksamkeit, welche Schopenhauer der uralten orientalischen Lehre und von vielen neuzeitlichen europäischen Geistern wie Goethe, Lessing, Lichtenberg, Hume als unbestimmte Ahnung, Mutmaßung oder angenommene Höchstwahrscheinlichkeit weitergetragene Vorstellung von der Metempsychose, besser: Palingenesie widmet; also: dem Gedanken der Wiederverkörperung und einer durch sie vollzogenen Schicksalsbestimmung, freilich unter Ausschluß einer damit etwa sinngebend verbundenen Entwicklungsidee. In der Untersuchung über die *Metaphysik der Geschlechtsliebe* ist es vornehmlich die tiefe Deutung, die Schopenhauer der eigentlichen Liebesleidenschaft gibt, also dem auf eine ganz bestimmte Person gerichteten Begehren, durch das ein ursprünglich gänzlich unpersönlicher, reiner Gattungstrieb verpersönlicht, ein genereller Trieb bis zu möglicher tragischer Bedingtheit individualisiert wird. Die Deutung, die der Philosoph diesem erstaunlichen Phänomen gibt, ist es wiederum, die, richtig verstanden und ernst genommen, fortdauernde Aktualität

Daguerreotypie vom 22. August 1845

für die Geltung einer höheren und gesünderen Sexualmoral haben könnte, als sie heute praktiziert (und theoretisiert) wird. Diese Deutung, fußend auf dem Prinzip der Vererbung der Eigenschaften (nach Schopenhauer: des Charakters vom Vater, des Intellekts von der Mutter), lautet: ... *der Wille zum Leben verlangt hier, sich in einem genau bestimmten Individuo zu objektivieren, welches nur von diesem Vater mit dieser Mutter gezeugt werden kann ... Also der aus der Urquelle aller Wesen hervorgehende Drang des künftigen, hier erst möglich gewordenen Individuums, ins Daseyn zu treten, ist es, was sich in der Erscheinung darstellt als die hohe, Alles außer sich gering achtende Leidenschaft der künftigen Eltern für einander ...* Insofern den Eltern dieses Geheimnis der so eigensinnigen Spezialisierung ihrer Liebesleidenschaft natürlich nicht bewußt ist, darf eben jene eigensinnige Spezialisierung eines im übrigen jederzeit wachen, eigentlich wahllosen, generellen Triebes ein «Wahn» genannt werden. Das Verständnis der zitierten Deutung dieses Wahns aber setzt voraus, daß man die Annahme eines einleuchtenden Prinzips nicht von der Inbetrachtziehung irritierender Zufälligkeiten abhängig mache, wie hier zum Beispiel: der möglichen Unfruchtbarkeit eines noch so «wahnhaft» individualisierten Leidenschaftsverhältnisses. Es handelt sich da um verschiedene Ebenen. Die Kraft, die auf der höchsten noch Wille ist, lebt sich auf der minderen schon nur als Wahn aus und kann sich, auf dieser Stufe in das Netz der Kausalität verstrickt, als Täuschung erweisen. Zumeist pflegt denn ja auch bei ausbleibender Fruchtbarkeit, da *der eigentliche metaphysische Zweck vereitelt wird,* die persongebundene Leidenschaft zu erlöschen, mindestens zu erkalten, jedenfalls eine Rückbildung zum gewöhnlichen Gattungstrieb durchzumachen.

Schopenhauers werbendes Schreiben an Brockhaus fand nicht das erhoffte Echo. Der Verleger lehnte das Ansinnen eines neuen Wagnisses rundweg ab. Erst als der Autor auf jede Gegenleistung verzichtete, kam eine Abmachung zustande, derart, daß im Jahre 1844 der erste Band in 500, der zweite in 750 Exemplaren hergestellt wurde. Trotz dem auf Schopenhauers Wunsch herabgesetzten Verkaufspreis aber blieb der geschäftliche Erfolg wiederum aus, und eine dritte Auflage wurde erst nach Ablauf weiterer fünfzehn Jahre möglich. In der Zwischenzeit allerdings war in Schopenhauers geistigem Schicksal doch ein merklicher Umschwung eingetreten. Hatte er, im Bemühen, Brockhaus zur Veranstaltung der zweiten Auflage zu bewegen, noch schreiben müssen: *Wenn ich den Ruhm hätte, den ich verdiene und einst haben werde, da möchten Sie fordern was Sie wollten: aber auf meinen Schultern lastet noch die Ungerechtigkeit und Unfähigkeit des Zeitalters* – so durfte er in dem Schriftwechsel zur Vorbereitung der dritten Auflage (1859) dem Sohne des Begründers der Firma Brockhaus auf dessen vorsichtige Bemerkung, er wolle (bezüglich der Auflagenhöhe und der Preisfrage) erst abwarten, ob das Werk «einschlage», antworten: *Meine Werke haben eingeschlagen und daß es kracht. Ganz Europa kennt sie. Aus Moskau und Up-*

sala kommen mir Besucher. Und es wird noch viel besser kommen: noch sehr viele Jahre hindurch wird mein Ruhm wachsen, u. zwar nach den Gesetzen der Feuersbrunst!

PARERGA UND PARALIPOMENA

Die große Wendung zum endlich sichtbaren Erfolg, ja zum Anfang einer gewissen Popularität, brachte jene Publikation, die noch heute unter dem Laienpublikum am bekanntesten ist und sicherlich auch am meisten wirklich gelesen wird. In den Augen des Verfassers waren es *Parerga und Paralipomena* – Nebenarbeiten und Nachgebliebenes. Als Erzeugnisse manches anderen philosophischen Schriftstellers würden auch diese Schriften, sowohl der Anzahl und dem Umfang wie dem inhaltlichen Gewicht nach, gut und gern eine Lebensleistung bedeuten. Man möchte hier geradezu den Ausspruch des Komponisten Brahms zum Vergleich heranziehen, der von seinem tschechischen Kollegen Dvořák sagte: «Aus seinen Abfällen könnte sich jeder andere die Hauptthemen zusammenklauben.» Genau das gleiche läßt sich von dem Ideenreichtum dieser «vereinzelten, jedoch systematisch geordneten Gedanken über vielerlei Gegenstände» sagen. Das Hauptstück der stattlichen Schriftensammlung bilden ohne Frage die *Aphorismen zur Lebensweisheit*. Mit «Lebensweisheit» ist nun aber hier nicht jene Weisheit gemeint, die das Leben selbst nach Wesen, Tiefe und Sinn zu ergründen sucht; Schopenhauer nimmt jetzt den Begriff *gänzlich im immanenten Sinne, nämlich in dem der Kunst, das Leben möglichst angenehm und glücklich durchzuführen, die Anleitung zu welcher auch Eudämonologie genannt werden könnte: sie wäre demnach die Anweisung zu einem glücklichen Dasein*. Eine solche Anweisung zu geben, setzt freilich, ebenso wie der Wunsch, sie zu empfangen, Bejahung des Lebens voraus. Das zwingt den Philosophen, einmal «von dem höheren, metaphysisch-ethischen Standpunkte abzugehen», «auf dem gewöhnlichen empirischen Standpunkte zu bleiben» und «dessen Irrtum festzuhalten». Was jedoch nicht bedeutet, er revoziere nun seine philosophische Einsicht. Er tut nur einmal, als ignoriere er sie, um desto anschaulicher das Gesicht der wirklichen Lebenswelt zu malen. Daraus ergibt sich dann im Endeffekt nur wiederum ein neu ersehenes und gehäuftes Argumentationsmaterial zur Untermauerung der pessimistischen Grundansicht seiner Philosophie. Es geht also um eine Bestandsaufnahme der alltäglichen Lebenstatsachen, doch zugleich der in den verschiedenen Individuen veranlagten Möglichkeiten, sich ihrer Fatalitäten zu erwehren, sich über ihre Banalität zu erheben, sich mit der Unerträglichkeit des Daseins erträglich zu arrangieren. Insofern könnte man auch von einem Lehrbuch der Akkomodation sprechen; oder besser: von einem allgemeinen Wegweiser in Richtung jenes höchst erstrebenswerten Zieles, an das der wahrhaft Lebensweise ei-

Parerga und Paralipomena:

kleine philosophische Schriften,

von

Arthur Schopenhauer.

Vitam impendere vero.

Erster Band.

Berlin,

Druck und Verlag von A. W. Hayn.

1851.

nes Tages ohnehin gelangen wird: der *festen Überzeugung von der Eitelkeit aller Dinge und der Hohlheit aller Herrlichkeiten der Welt;* jener «besonderen Gemütsruhe», in *welcher er lächelnd auf die Gaukeleien der Welt herabsieht.* Das Konterfei der species «homo sapiens» mit ihren Gewohnheiten, Torheiten und Bedingtheiten, das Schopenhauer in den Kapiteln *Von dem, was einer ist, Von dem, was einer hat,* und *Von dem, was einer vorstellt* sowie in den folgenden *Paränesen und Maximen* entwirft, mag manchem zur Gutmütigkeit (oder auch zur Schönfärberei) geneigten Leser allzu dunkelfarbig erscheinen. Allein: wer anstatt dem scharfäugigen Beobachter nur zu widersprechen gar versuchen möchte, ihn zu widerlegen, dürfte keinen leichten Stand haben. Wie stets glänzt der Autor hier nicht nur durch die treffsichere Zeichnung seiner Beobachtungsresultate, sondern auch durch die stichhaltige Begründung seiner Urteile. Dazu kommt, daß er in diesen absichtlich für den Weltgebrauch geschriebenen Abhandlungen neben der Rolle des ernsten Weisheitslehrers mit offensichtlicher Lust auch wieder die des Teufels spielt und seinen Vortrag mit einer besonderen Fülle geistreicher Formulierungen voller Saft und Kraft, Bildhaftigkeit und Einprägsamkeit, Witz, Ironie und sublimer kritischer Bosheit würzt. Das alles zusammen macht die Lektüre dieser «Aphorismen» zu einem unvergleichlichen intellektuellen Vergnügen. Aber die «Menschlichkeit» geht dabei nicht leer aus. Sie findet genügend Nahrung in den ausgedehnten, keineswegs aphoristischen Darlegungen überhaupt, insbesondere in der schönen Betrachtung *Vom Unterschiede der Lebensalter,* deren Motto «Qui n'a pas l'esprit de son âge, de son âge a tout le malheur» einer auch in diesem Punkte beklagenswert unweisen Mitwelt entgegenzuhalten gerade uns Heutigen nicht übel anstehen würde.

Auch von den zahlreichen übrigen Abhandlungen, die als *Parerga und Paralipomena* herausgegeben wurden, können hier nur diejenigen angeführt werden, denen sonderliche Beachtung zukommt, und die seit ihrem Erscheinen nicht aufgehört haben, immer wieder ihre Fähigkeit zu bewähren, das lebhafteste Interesse denkfreudiger Köpfe zu erwecken: *Über die Universitäts-Philosophie, Transscendente Spekulation über die anscheinende Absichtlichkeit im Schicksale des Einzelnen, Versuch über das Geistersehn und was damit zusammenhängt, Über Urteil, Kritik, Beifall und Ruhm, Über Gelehrsamkeit und Gelehrte, Selbstdenken, Über Schriftstellerei und Stil, Über die Weiber, Über Lärm und Geräusch.* Wieviele Titel, soviele originäre Fragestellungen, soviele originelle Antworten, soviele literarische Meisterleistungen eines großartigen Beherrschers, wie der Gedanken, so des Wortes und der Sprache, der über jeden Wandel des modischen Dafürhaltens hinweg von unbedingter Vorbildlichkeit geblieben ist bis auf unsere Tage. Von den Gegenständen dieser sämtlichen Schriften laufen Fäden der Beziehung (oder auch der Anzüglichkeit!) zu aktuellen Problemen, Parolen und Praktiken der modernen Welt: sie lassen sich gar nicht übersehen, und es ist noch nicht ausgemacht, ob der heutige Leser, indem er sie hin und zurück verfolgt, in jedem Fall schließlich überzeugt sein muß, daß dort, wo es sich um Widerspruchsbeziehungen handelt, die Divergenz der Anschauungsweise auf inzwischen vollzogenem intellektuellen und moralischen «Fortschritt» beruhe. Wie es sich damit auch im einzelnen verhalte: es wird für keinen Adepten der modernen psychologischen, psychopathologischen, psychotherapeutischen, psychoanalytischen und parapsychologischen Wissenschaft ohne Nutzen sein, sich mit der *Transscendenten Spekulation* oder dem *Versuch über Geistersehn* (wie natürlich auch den einschlägigen Abschnitten in den anderen, größeren Schriften, zum Beispiel dem kurzen Kapitel *Über den Wahnsinn* im Hauptwerk), als mit den eigentlichen Quellen so mancher seither zu Ansehen gelangten Forschungsrichtung zu beschäftigen. Was vollends der Philosoph über *Selbstdenken* zu lehren weiß, sollte nachdrücklich einem Zeitalter vorgehalten werden, das sich mit Riesenschritten auf den Zustand geistiger Entpersönlichung, Gleichschaltung und Entmündigung im Namen genormter Kollektivbegriffe, -vorstellungen und -meinungen hin bewegt. Desgleichen mag dem heutigen Menschen, der es für ein erstrebenswertes Ziel hält, gegen *Lärm und Geräusch* zunehmend immun zu werden, empfohlen sein, sich eine Erkenntnis wie die zu Herzen zu nehmen: daß die geräusch- und lärmunempfindlichen Leute eben die sind, *welche auch unempfindlich gegen Gründe, gegen Gedanken, gegen Dichtungen und Kunstwerke, kurz, gegen geistige Eindrücke jeder Art sind: denn es liegt an der zähen Beschaffenheit und handfesten Textur ihrer Gehirnmasse.* Wohingegen der berühmt-berüchtigte Traktat *Über die Weiber*, lange Zeit das Einzige, was viele Nichtleser als Schopenhauersche Verkündigung wenigstens dem Titel nach kannten, heutigen Lesern, ungeachtet der sachlichen Stichhaltigkeit seiner Feststellungen und Folgerungen in vielen Punkten, mehr Verwunderung als Beifall abnötigen dürfte, spätestens angesichts der Konklusion: *Daß das Weib, seiner Natur nach zum Gehorchen bestimmt sei,* und daß *eine Jede, welche in die ihr naturwidrige Lage gänzlicher Unabhängigkeit versetzt wird, alsbald sich irgend einem Manne anschließt, von dem sie sich lenken und beherrschen läßt; weil sie eines Herrn bedarf. Ist sie jung, so ist es ein Liebhaber; ist sie alt, ein Beichtvater ...*

Der literarischen Nachlese angehängt hat Schopenhauer noch *Gleichnisse, Parabeln und Fabeln* sowie *Einige Verse.* Für die Veröffentlichung der letzteren entschuldigte er sich mit der Erklärung, es handle sich um eine *Privatsache* zwischen ihm und solchen *Theilnehmenden späterer Zeit*, die, als Anhänger seiner Philosophie, deren Urheber auch *auf eine mehr menschliche, mehr persönliche, jedenfalls ganz andersartige Weise* kennenzulernen wünschten.

Dem schon mit dem zweiteiligen Hauptwerk überbeanspruchten Verleger Brockhaus bot Schopenhauer die *Parerga und Paralipomena* vergebens an. Nach mehreren anderen Versuchen, die Schriftensammlung unter Dach zu bringen, nahm sich der obskure Berliner Verlag A. W. Hayn der Sache an und brachte die zwei Bände (1851) heraus, abermals ohne Honorar, lediglich gegen die Überlassung von zehn Freiexemplaren. Und diese Publikation, wie gesagt, wurde Schopenhauers alles entscheidender, großer Erfolg ...

ERSTE ANHÄNGER, VEREHRER UND VORKÄMPFER

Drei Jahre nach der zweiten Auflage der *Welt als Wille und Vorstellung* hatte auch die Dissertation über *Die vierfache Wurzel des Satzes vom zureichenden Grunde* neu aufgelegt werden können – ein Symptom für die steigende Beachtung des Schopenhauerschen Werkes schon vor dem Durchbruch mit den *Parerga und Paralipomena*. Noch unmißverständlicher aber sprachen die Zeichen der Zustimmung von seiten einzelner Menschen, die sich um Schopenhauer zu scharen begannen, mit ihm in Verbindung traten, für ihn warben, seine epochale Bedeutung der Mitwelt verkündeten. Diese ersten Jünger kamen indessen nicht aus dem Kreise der amtlich autorisierten Weisheitslehrer, sondern es waren (hinsichtlich des Philosophierens) unabhängige Selbstdenker. Der auffallend große Anteil von Juristen an dieser frühen Anhängerschaft erklärt sich unschwer daraus, daß juristisches Denken zur nüchternen Beobachtung und objektiven Anschauung, zum logischen und vorurteilsfreien Folgern, zur unbedingten Sachlichkeit im Aufspüren und Abwägen von Gründen und Gegengründen erzieht, mithin eine Reihe der wichtigsten intellektuellen Eigenschaften entwickelt, die den berufenen Philosophen ausmachen.

Daß andererseits eine zunehmende Anzahl von Künstlern sich von Schopenhauers Lehre angesprochen fühlte, dürfte außer den schon mehrfach angedeuteten Ursachen noch eine weitere, tiefere haben. Nämlich die: daß diese Menschenart – entgegen allen landläufigen Vorstellungen – gleich den Juristen, doch auf sehr andere Weise, Weltwirklichkeit unvoreingenommen in ihr Bewußtsein aufzunehmen und sie objektiv zu registrieren gewöhnt ist; daß sie aber außerdem über jenen Zuschuß intuitiver Phantasie zum konstruktiven Denken verfügt, ohne den alle intellektuellen Anstrengungen unproduktiv bleiben – ohne den noch keine technische Erfindung, keine wesentliche Entdeckung zustande gekommen ist. Daher man immer wieder finden wird, daß phantasiebegabte, denkende Künstler auch gröbste Realitäten richtiger sehen und deren Entwicklung zutreffender vorausberechnen als viele Alltagsköpfe, die sich selbst für untäuschbare Realisten halten. Ohne den besagten «Zuschuß» vermöchte aber auch und gerade das exakteste philosophische Denken nur immer in sich selbst zu kreisen. Es ist eben dieser «Zuschuß» denkerischer Phantasie, der die wahrhaft großen Philosophen auszeichnet; diejenigen nämlich, die für das Leben und die Lebenden philosophieren, nicht für die Fachliteratur und den Hörsaal.

Julius Frauenstädt, der «Erzevangelist»

Als erster und regsamster Vertreter der eigentlichen Jüngerschaft setzte sich schon 1840 der Berliner Hauslehrer Dr. Christian Martin Julius Frauenstädt für Schopenhauer ein, «dessen Philosophie so manchem Kathedersozialisten ein Licht anzünden könnte, vor dem sein ganzes bisheriges Wissen erbleichen müßte». Er wurde in der Folge Schopenhauers Schüler und *Erzevangelist*, testamentarischer Erbe des literarischen Nachlasses sowie Inhaber des Verlagsrechts für «alle ferneren Auflagen». Dabei stimmte er weder der idealistischen Grundansicht noch dem pessimistischen Weltbild seines Lehrmeisters vorbehaltlos zu. Sein größtes Verdienst besteht – neben der publizistischen Werbung mit den «Briefen über die Schopenhauersche Philosophie» (1854) – zweifellos darin, daß er später die erste Schopenhauer-Gesamtausgabe (in sechs Bänden) veranstaltete, nachdem er vorher schon ein zweibändiges Schopenhauer-Lexikon herausgegeben hatte. Von den Namen der Getreuen, die dem Lebensabend des alten Kämpen den stillen Glanz der Erfüllung verliehen, blieb der seine darum am engsten mit der Sache Schopenhauers verbunden.

Urevangelist, weil erster dezidierter öffentlicher Fürsprecher, war jedoch der Magdeburger Geheime Justizrat und Oberlandesgerichtsrat Friedrich Ludwig Andreas Dorguth, der Schopenhauer in einer 1843 publizierten Schrift über «Die falsche Wurzel des Idealrealismus» als den «ersten realen systematischen Denker in der ganzen Literaturgeschichte» pries, «dessen Name die Weltgeschichte noch einmal unter Tränen der Reue in ihr eisernes Buch eingraben werde». Er ließ 1845 eine zweite Streitschrift, «Schopenhauer in seiner Wahrheit», erscheinen. Das Jahr 1844 brachte Schopenhauer die Bekanntschaft mit dem Advokaten Johann August Becker in Alzey (von 1850 ab Kreisrichter in Mainz und häufiger Besucher in Frankfurt). Nach Schopenhauers Meinung war er der gründlichste Kenner seiner Philosophie, wobei nur zu bedauern sei, daß er, der ihn auch am besten verstanden habe, sich nicht publizistisch betätigte. Die Nachwelt wurde für dieses Manko jedoch entschädigt, da Beckers Sohn den umfangreichen Briefwechsel seines Vaters mit Schopenhauer veröffentlichte, in dem das permanente Gedankenspiel zwischen Fragen und Antworten die interessantesten philosophischen Aufschlüsse gibt. Seinen *Apostel Johannes* nannte Schopenhauer den 1849 als junger Rechtspraktikant zu ihm gekommenen späteren Münchener Bezirksgerichtsrat Adam Ludwig von Doß; *ein Fanaticus*, wie der ob seines überzeugten Eifers hochbeglückte Meister ihn dem Dr. Frauenstädt schilderte. Einen wortgewandten Propagandisten, seiner Unermüdlichkeit wegen von Schopenhauer zum *Doctor indefatigibilis* ernannt, führte dem Philosophen das Schicksal 1852 in der Person des Redakteurs der «Vossischen Zeitung» Dr. Ernst Otto Timotheus Lindner zu; einen geschickten polemischen Verteidiger in Gestalt des Handelslehrers und philosophischen Schriftstellers Dr. David Asher aus Leipzig. – 1855 trat zu der Schar der Verehrer der Maler und Dresdener Akademieprofessor Johann Karl Bähr. Ihn hatte die Farbenlehre für Schopenhauer gewonnen, dessen sämtliche Schriften sich

Johann August Becker, der «gelehrte Apostel»

Fotografie. Frankfurt, 11. Juni 1852

der *brave und gescheute Mann* danach mit *lobenswerthestem Fanatismus* zu eigen machte. Mit Dr. Carl G. Bähr, dem Sohn, kam Schopenhauer in noch nähere Beziehung. Für den intelligenten Juristen empfand er besondere Sympathie; er bescheinigte dem vierundzwanzigjährigen, jüngsten seiner Adepten, er habe *mehr Kantische Philosophie inne, als sechs Professoren zusammengenommen.* – Aus einer anfänglich reinen Geschäftsverbindung in lang dauernde herzliche Freundschaft verwandelte sich während der Jahre seit Schopenhauers Einzug in Frankfurt der Verkehr mit dem Rechtsanwalt Dr. Martin Emden. Wäre dieser ihm teuerste Gefährte nicht zwei Jahre früher als Schopenhauer gestorben, so hätte er dessen Testamentsvollstrekker und der Erbe aller Wertgegenstände aus seinem persönlichen Besitz werden sollen.

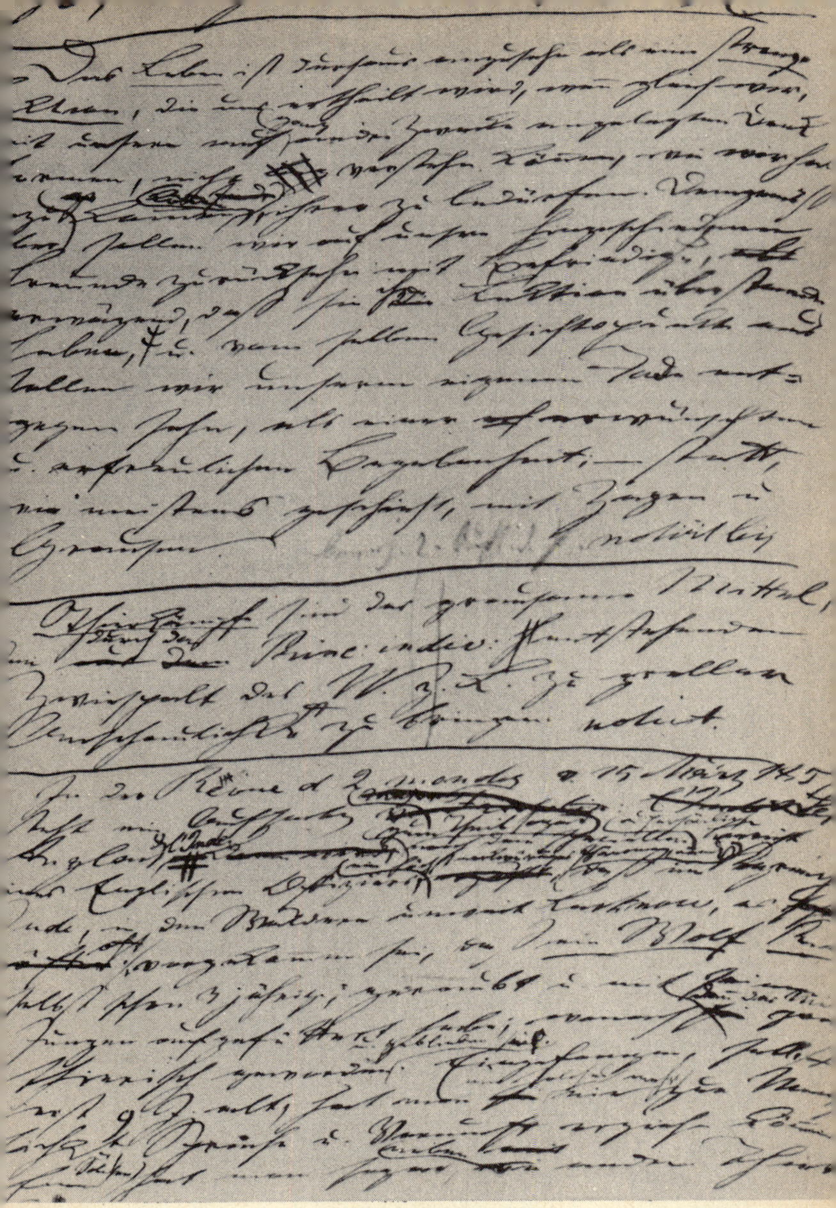

Aus dem Manuskript «Senilia», begonnen 1852

Emdens Nachfolger in dieser Hinsicht wurde der Frankfurter Advokat, Reise- und Romanschriftsteller (später Mitglied des Stadtgerichts) Wilhelm Gwinner. Er kam, nach längerer oberflächlicher Bekanntschaft, dem Philosophen 1854 näher und wurde in dessen letzter Lebenszeit sein einziger Vertrauter. Ihr eigentliches Gewicht erhielt diese Beziehung dadurch, daß Gwinner kein blindlings anbetender Anhänger Schopenhauers war, sondern als selbständig Urteilender das denkerische Genie erkannte und verehrte, ohne sich ihm widerspruchslos zu unterwerfen. Diesem Umstande ist es zu verdanken, daß die 1862 erschienene erste biographische Darstellung Arthur Schopenhauer zwar «aus persönlichem Umgange» schilderte, doch im «Blick auf sein Leben, seinen Charakter und seine Lehre» genug kritische Distanz wahrte, um gerade dadurch ihre Glaubwürdigkeit als Quellenwerk von bleibendem Wert zu erhärten. Das gilt insbesondere hinsichtlich eines wichtigen, ja entscheidenden Punktes der Kritik an Schopenhauers Philosophie, in welchem Gwinner seine Einwände durch eigene Äußerungen des Verfassers der *Welt als Wille und Vorstellung* zu belegen vermochte. Darauf wird am Schluß dieser Monographie noch zurückzukommen sein.

Daß Schopenhauer, dessen patriarchalisches Verhältnis zu seinen Paladinen sich in den verschiedenen Ehrentiteln, die er ihnen verlieh, ergötzlich äußerte, im übrigen Zweifel an seiner Lehre nicht gut vertrug, versteht sich. Gleich allen starken Geistern, die ein Recht haben, auf ihre Erkenntnisse und Entdeckungen zu bauen, war er in eigener Sache Dogmatiker. Wie er *seinem lieben Setzer* klarmachte: *Wir verhalten uns zueinander wie Leib und Seele; müssen daher, wie diese, einander unterstützen, auf daß ein Werk zustande komme, daran der Herr (Brockhaus) Wohlgefallen habe;* wie er ihn ermahnte: *Denken Sie nie, Sie verständen es besser; ich bin die Seele, Sie der Leib;* und wie er jenen damit zur striktesten Beachtung seiner Syntax, Orthographie und Interpunktion anzuhalten bestrebt war – so verlangte er im Grunde auch von denen, die sich seine Jünger und Schüler nannten, als unbedingte Autorität respektiert und akzeptiert zu werden. Zwar setzte er sich mit gelegentlichen Einwänden von ihrer Seite gewissenhaft auseinander, empfand jedoch die Nötigung dazu oft als lästige Zumutung. Ärger bereiteten ihm vor allem die häufigen Skrupel Frauenstädts, von dem er bezeugte, er habe ihm das «Leben etwas sauer gemacht», und dem er vorwarf, er gehe «um den ganzen Komplex des Systems herum wie um eine Statue der Kritikus, welcher wenn er Eine Seite sehe, ihr richtiges Verhältniß zur andern bezweifle». Andererseits freilich konnte Empfindlichkeit gegen Vorbehalte ihn nicht dazu verführen, selbst uneingeschränkte Bewunderung von namhafter Seite einfach nur dankbar hinzunehmen, wenn er an dem Bewunderer etwas auszusetzen fand. Einem sehr jungen Kreisrichter, den Dorguth *proselytiert* hatte, und der ihm offenbar mit Haut und Haaren ergeben war, rühmte er aus vollem Herzen *Eifer für den Herrn und sein Evangelium* nach. Als hingegen 1854 Richard Wagner ihm die Dichtung seines «Ring des Nibelungen» mit der hand-

Richard Wagner. Aquarell von Clementine Stockar-Escher, 1853

schriftlichen Widmung «Aus Verehrung» überbringen ließ, stellte er nur fest, jener habe mehr Zeug zum Dichter als zum Musiker, brachte in dem Text sprachliche Korrekturen an und schloß die ganze indirekte Begegnung mit einem entschiedenen Bekenntnis zu Mozart und Rossini ab. Dabei war Wagner nun wirklich einer seiner nächsten Geistesverwandten und die vergleichslos größte Gestalt unter seinen Anhängern. Die «Ring»-Dichtung wurde sogar häufig als «gereimter Schopenhauer» kritisiert. Aber sie ist entstanden, bevor Wagner auch nur ein Wort von Schopenhauer kannte! Erst die «Tristan»-Dichtung wurde von dem Schopenhauerianer Wagner geschrieben; und kein anderer hat Schopenhauers Metaphysik der Musik so tief in sich aufgenommen und mit solcher Inbrunst vertreten wie der Autor der Festschrift zum hundertsten Geburtstage Beethovens. Wagner hielt an Schopenhauer fest, obwohl er dessen abfällige Bemerkungen über ihn so gut wie sicher erfahren hat. (Vor ihm hatte sich der Jünger Dr. Asher besonders nachdrücklich für die Schopenhauersche Musikmetaphysik eingesetzt.) Nimmt man hinzu, daß

Daguerreotypie, 1854

Schopenhauer. Federzeichnung von Jules Lunteschütz

Die Schopenhauer-Büste der Elisabet Ney

auch Friedrich Hebbel von dem pessimistischen Denker achtungsvoll Notiz nahm oder daß ein agiler Anekdoterich wie Schopenhauers und Wagners gemeinsamer «Freund», Baron Robert von Hornstein, das Seinige tat, den Ruhm des Frankfurter Eremiten zu verbreiten, dann erklärt sich aus dem Verkündigungseifer aller dieser gänzlich unakademischen, originellen Köpfe, zusammen mit dem populären Effekt der *Parerga* zur Genüge, daß Schopenhauer für den Rest des Jahrhunderts nach seinem Tode zu den meistgelesenen Schriftstellern überhaupt zählte und ganz gewiß der meistgelesene seines geistigen Anspruchs war. Daneben hat es eigentlich nur intern-akademische Bedeutung, daß noch zu Lebzeiten Schopenhauers etwa die Leipziger philosophische Fakultät eine Preisfrage zur «Darlegung und Kritik der Prinzipien der Schopenhauerschen Philosophie» stellte, daß in Bonn und Breslau über Schopenhauer gelesen wurde und daß gar die Königliche Akademie der Wissenschaften zu Berlin ihn anläßlich seines 70. Geburtstages zu ihrem Mitglied zu ernennen gedachte, was er indessen als eine Ehrung von unerwünschter Seite ablehnte.

Mit wachsendem Ruhme stieg auch das Interesse an Schopenhauers Person. Zuerst 1855 fand sich der Maler Jules Lunteschütz ein, um den Meister kostenlos, aus reiner Spekulation auf Zukunftswert, zu porträtieren. Nach zwanzig Sitzungen, die das Opfer *toll und desperat* machten, war das Kunstwerk fertig. Die Kunde davon aber hatte einen Schopenhauer-Verehrer, den Gutsbesitzer Karl Ferdinand Wiesike, erreicht, und der erwarb es sofort, indem er erklärte, eigens für das Bild «ein Haus bauen zu wollen, darin es hängen solle». Nach dem Tode dieses Mannes kam das Porträt in den Besitz des Germanischen Nationalmuseums zu Nürnberg. Ein Jahr nach Lunteschütz meldete sich der Historienmaler Julius Hamel im Auftrag eines Tischgenossen Schopenhauers, des Geheimrats Eduard Crüger. Was er auf die Leinwand brachte, mißfiel dem Dargestellten wie dem Auftraggeber. Dennoch gilt dieses Konterfei, das nachträglich eine gründliche Überarbeitung erfuhr und sich heute im Schopenhauer-Archiv befindet, als wohlgeraten. Abermals ein Jahr später versuchte sich Angilbert Goebel an der schwierigen Aufgabe, nicht bloß einen physiognomischen Befund, sondern die lebensvolle Erscheinungsform eines illustren Geistes der Nachwelt zu überliefern. Zu dem Kupferstich nach Goebels Ölporträt bemerkte Schopenhauer: *Ich sehe darauf aus wie ein alter Frosch.* Mehr Befriedigung als diese Ergebnisse malerischer Bemühung brachte ihm seine Bereitwilligkeit, der jungen Bildhauerin Elisabet Ney Modell zu sitzen. Sie hatte zuvor bereits andere Berühmtheiten wie Alexander von Humboldt, Jacob Grimm und Varnhagen von Ense modelliert. Schopenhauers Sympathie gewann die Künstlerin vor allem durch ihren Charme und ihre Geschicklichkeit. *Sehr hübsch und unbeschreiblich liebens-*

Elisabet Ney neben ihrer Schopenhauer-Büste. Fotografie, 1860

würdig, paßte sie sich den Gewohnheiten ihres unruhigen Modells nachgiebig an, wußte ihm die Strapaze des Stillhaltens so erträglich wie möglich zu machen, leistete ihm beim Nachmittagskaffee Gesellschaft und begleitete ihn sogar mehrmals auf seinen Spaziergängen. Die Porträtbüste fiel zu Schopenhauers Zufriedenheit aus. Sie blieb sein einziges nach dem Leben geschaffenes plastisches Bildnis. Elisabet Ney – die zur besonderen Freude des Alten auch noch seinen Pudel verewigte – war im übrigen eine exzentrische, wenn nicht verschrobene, jedenfalls unglücklich veranlagte Natur. Sie lebte später, bei verworrenen familiären Verhältnissen, in Amerika. Ihr ehemaliges Wohnhaus in Austin (Texas) ist heute ein Museum zu ihrem Gedächtnis. Dort steht auch das Original der Schopenhauer-Büste.

DAS EINSAME LEBEN

Den Altersstufen nach betrachtet, bedeuten Arthur Schopenhauers Frankfurter Jahrzehnte den mählichen Abstieg von der biologischen Gipfelhöhe zum Greisentum; der Bewegungstendenz seiner Geltung nach den stetigen Anstieg aus fast völliger Unbeachtetheit zu einer unberechenbaren Wirkungsweite. Allein es wurde ihm nichts geschenkt, und mit zunehmender Anerkennung mehrten sich auch die Anlässe des Ärgers über bösartige Gegnerschaft oder des Unmuts über das Umsichgreifen von Anschauungen, die seinem Denken widerstrebten. Das ungebrochene Temperament des alten Streiters gab ihm dabei immer wieder die drastischsten Abwehrformulierungen ein. So münzte er die akademische Antrittsrede des Historikers Friedrich von Raumer wegen der darin enthaltenen, mit Falschzitaten gespickten Angriffe gegen ihn in eine *Abtrittsrede* um, verglich des Physiologen Jacob Moleschott Auslassungen über den «Willen» in dessen Schrift «Im Kreislauf des Lebens» mit den Gedanken eines *Barbiergesellen, der Anatomie und Physiologie gehört hat* und fertigte Ludwig Büchners ebenso materialistisch-determiniertes Buch «Kraft und Stoff» mit dem fulminanten Satz ab: *So ein Mensch hat nichts gelernt als sein bischen Klistierspritzologie, keine Philosophie, keine Humanitätsstudien getrieben: und damit wagt er sich dummdreist und vermessen an die Natur der Dinge und der Welt.* Gegenüber diesen kraftgenialischen brieflichen Ausfällen, die sich mit Schopenhauers allenthalben verstreuten Äußerungen über Hegel, Schelling und Fichte getrost messen können, erscheint die Wertmarke *gemeinplätziges Geschwätz* für Karl Gutzkows Verlautbarungen über die *Parerga* schon maßvoll. Im übrigen durfte der alternde Denker die öffentliche Wahrung seiner ideellen Interessen nunmehr den Wegbereitern überlassen. Er selbst hielt mehr denn je Kopf und Hand frei für das Werk; denn: *... im Alter geizt man mit seiner Zeit. Es geht uns da wie Einem, der in den Geldsack greift und der schon den Boden sieht.*

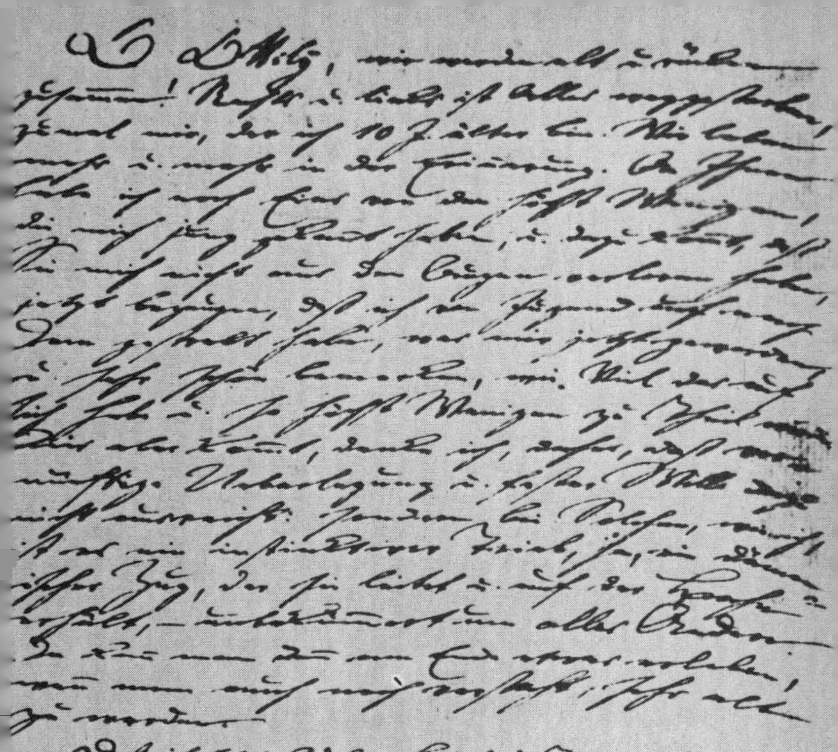

Schopenhauer an Ottilie von Goethe, am 27. April 1860

Daß Altwerden Vereinsamen heißt, doppelt und dreifach bei einem, der sich seit jeher von den Durchschnittsmenschen *dieser Fabrikware der Natur*, durch eine unüberbrückbare Kluft getrennt empfand: das erfuhr Schopenhauer nicht ohne einige Anwandlungen von Wehmut. 1838 war die Mutter gestorben, nachdem sie ihn noch zugunsten seiner Schwester enterbt hatte; 1849 war auch Adele verschieden. *Rechts und links ist Alles weggestorben ... An Ihnen habe ich noch Eins von den höchst Wenigen, die mich jung gekannt haben ...* schrieb der Bruder an die alte Freundin der Schwester, Ottilie von Goethe. Dazu hatte sich auch noch die älteste Freundschaftsbeziehung (die mit

Der Roßmarkt in Frankfurt mit dem «Englischen Hof» rechts, vor dem zwei Laternen und drei Kutschen stehen. Aus einem Aquarell von L. Böttcher

Anthime Grégoire de Blésimaire aus der Zeit von Le Havre) bei einem Besuch des Jugendkameraden jählings verflüchtigt, da der geistige Abstand keine wahre Vertrautheit mehr aufkommen ließ. *Man divergiert immer mehr, je älter man wird, zuletzt steht man ganz allein.* Erfreute sich der Greis sonst am Ende jener lange ersehnten heiteren Gemütsruhe, welche Anerkennung seiner Lebensleistung und die natürliche Beruhigung der Leidenschaften ihm gewährten, so behielten neben seinem souveränen Rangbewußtsein doch der Stolz, die Reizbarkeit und das Mißtrauen ihre alte Macht über ihn. Ja, sie nahmen womöglich noch zu, da *durch anhaltende Zurückgezogenheit und Einsamkeit unser Gemüt so empfindlich wird.* Zum mindesten nicht abnahm auch seine angeborene Neigung zur Angst, dieser Kehrseite des starken Willenslebens. Der Verkünder der «Verneinung des Willens zum Leben» hing an diesem Leben mit der ganzen Zähigkeit des Gesunden, des zum Schaffen und Wirken Berufenen. Und es sei hier wiederholt: daß an dem «Widerspruch», der darin liegt, nur Anstoß nehmen kann, wer von der Lehre Schopenhauers nicht allzuviel begriffen hat. Denn diese Lehre deckt ja gerade die Widersprüchlichkeit der Wahrheit auf: daß die Erkenntnis dem Willen zu seinem Dienste beigegeben ist, daß sie zwar fähig werden kann (und im Genie fähig wird), sich von diesem Dienst loszureißen; daß aber auch dann noch der größte Erkennende, solange er lebt, ein «Mensch» bleibt, das heißt: eine Erscheinungsform des Willens zum Leben. Niemand wundere sich darum über den Grundton lebenswilliger Zuversicht in

dem Ausspruch: *Ich werde uralt, mein langer Schlaf und mein guter Magen sagen mir das. Ich möchte 90 Jahre werden. Selbst bei den Achtzigern hat der Tod noch etwas Gewaltsames. Bei den Neunzigern gehen Leben und Tod ruhig in einander über.* Hoffnung und Angst zeigen sich hier eng verbunden. Angst vor einem leidensvollen Sterben.

Angst vor Leiden überhaupt, vor Ansteckung, Krankheit, Unfall und Schaden verfolgte den übersensiblen Mann zeitlebens. Und so war er unablässig darauf bedacht, den gefürchteten Übeln vorzubeugen mit allerlei skurrilen Praktiken in der Ordnung und Handhabung seiner Privatangelegenheiten; wobei – insbesondere zwecks Sicherung gegen Verlust, Diebstahl oder Betrug ein ausgiebiger Gebrauch seiner Vielsprachigkeit eine bedeutende Rolle spielte, indem er sich zur Verbuchung seiner Wertgegenstände und zur Bezeichnung der Aufbewahrungsorte nie des Deutschen bediente. Angst bestimmte sogar die Wahl seiner Wohnung: sie mußte im Erdgeschoß liegen, um im Falle der Gefahr schnelle Flucht zu ermöglichen. Als er in das Haus Schöne Aussicht 17 am Mainufer einzog, war dies sein erstes eigenes Domizil nach vieljährigem Untermieterelend; zum erstenmal richtete er sich da mit eigenem Mobiliar ein, und auch jetzt bescheiden. «Für feinere Komforts und ästhetische Ausschmückung seiner Umgebung hatte er keinen Sinn. Seine Zimmer hinterließen den Eindruck eines Absteigequartiers, in dem man nicht lange zu bleiben gedenkt: es war eine Wohnung für den Fremdling auf Erden», weiß Gwinner zu berichten. Man darf es glauben. Denn sein eigentliches «Heim» fand dieser extreme Geistesmensch stets nur in der intellektuellen Arbeit, im Denken, in der Lektüre, im täglich geübten erholenden Flötenspiel. Selbst eine eigene Wirtschaftsführung wäre ihm zuviel äußere Bindung gewesen. Teilnehmende Fragen danach beschied er mit dem klassischen Junggesellenvers *Mihi est propositum in taberna mori.* Demgemäß gehörte zu seinem Tagesprogramm (wie der zweistündige Eilspaziergang) auch der Weg zur Table d'hôte im «Englischen Hof». Dort zog seine Persönlichkeit die Neugier der Gäste auf sich, und es fanden sich Verehrer ein, die ihn wenigstens einmal gesehen oder gesprochen haben wollten – solche, die sich «mit Angaffen begnügten», und solche, die sich ihm vorstellten. Graf Louis Alexandre Foucher de Careil erzählt: «Als ich Schopenhauer 1859 zum erstenmal» (ebendort) «sah, war er bereits ein Greis. Sein blaues, lebhaftes Auge, seine dünne Lippe, die ein feines sarkastisches Lächeln umspielte, seine große, von zwei weißen Haarlocken eingerahmte Stirn drückten der von Geist und Bosheit sprühenden Physiognomie das Siegel des Adels und der Vornehmheit auf. Seine Kleider, seine Spitzenkrause, seine weiße Halsbinde erinnerten an einen Greis aus dem Ende des Zeitalters Ludwigs XV.; seine Manieren waren die eines Mannes der guten Gesellschaft... Seine lebhaftem Bewegungen wurden in der Konversation oft außerordentlich heftig... Wenn er sprach, verbrämte er den etwas rauhen deutschen Canevas mit seinen glänzenden lateinischen, griechischen, französischen, englischen und italienischen Arabesken. Schwung, Knappheit und witzige Einfälle, Zitatenreichtum und Sorgfalt in den Einzelheiten ließen die Stunden im Fluge dahingleiten.» Gelegentlich kam es auch vor, daß taktlose Wichtigtuer Erlauschtes aus solchen Gesprächen unbefugt publizierten; das bekundet die briefliche Klage: *In der Konstitutionellen Zeitung vom 1. Okt. werden Sie vielleicht die abscheuliche Indiskretion eines Mannes bemerkt haben, der alles, was ich an der Abendtafel im Engl. Hofe geredet habe, in die Zeitung setzt...* So mußte der so spät Gewürdigte schließlich auch noch die Lästigkeit des Berühmtseins erfahren.

Eine Streitigkeit mit seinem Hauswirt bewog Schopenhauer 1859 noch einmal, seine Wohnung zu wechseln; er zog in das Parterre des Nebenhauses Schöne Aussicht 16 – seine letzte irdische Station. Erst hier konnte er seine ganze Bibliothek in seinem Studierzimmer aufstellen, während in der früheren Wohnung zwischen Arbeitszimmer und Bibliothek der offene Hausgang gelegen war. Durch die neue Einrichtung, erzählt Gwinner, «wurde es wärmer und freundlicher bei ihm. Auf einem Marmorconsol in der Ecke dieses Zimmers, in welchem er auch gestorben ist, stand eine vergoldete echte Buddhastatuette; auf seinem Schreibpulte die Büste Kants; über dem Sopha hing ein Oelporträt Goethe's; an den Wänden umher verschiedene Porträts Kant's, Shakespeare's, Descartes', Claudius', einige Familienporträts, das... Jugendbild und die Daguerreotypen von ihm aus verschiedenen Lebensaltern, umgeben von zahlreichen Hunde-

Fotografie von Johann Schäfer, 1859

stücken von Wollett, Ridinger u. a. Neben dem Sopha ruhte sein Pudel auf einem schwarzen Bärenfelle.»

Es war der braune Pudel Butz, der Nachfolger des weißen Pudels, dessen Kopf in Gips, mit langen herabhängenden Ohren, über der Zimmertür wachte. Was den Philosophen, der *die Gesellschaft der Zweifüßler entbehrlich* fand, bekennen ließ, daß er *wenn es keinen Hund gäbe, nicht leben möchte*, erläutert die Antistrophe, welche er zu Goethes vierundsiebzigstem venezianischen Epigramm verfaßte: *Wundern darf es mich nicht, daß manche die Hunde verleumden, denn es beschämet zu oft leider den Menschen der Hund.* Dem Weisen war sein Pudel *Intelligenz ohne menschliche Verstellung;* er erschien ihm *durchsichtig wie Glas.* Schopenhauer hat ihm tief in die sprechenden Augen geschaut; und er titulierte seinen vierfüßigen Gefährten «Atma» (Weltseele). Sein ganzes Leben lang hat er auf einen solchen Begleiter nicht verzichten mögen, ungeachtet der sich daraus ergebenden zahllosen Unbequemlichkeiten.

Nicht immer reibungslos war das Verhältnis zwischen dem Eremiten und seiner treuen Ordnungshüterin, Dienerin und Besorgerin (seit 1849) Margaretha Schnepp aus Heidelberg. Wie er deren katholische Strenggläubigkeit respektierte und mit entsprechender Freizeitgewährung berücksichtigte, erwartete er von ihr die gleiche Einstellung zu seinen Gesinnungen und wies sie entrüstet in ihre Schranken, da sie fand, daß der «Siegreich-Vollendete» «wie ein Schneider» dasitze. Das eine wie das andere Verhalten ein Zeichen seiner Großherzigkeit, die Achtung vor wahrer Überzeugung nicht nur verlangte, sondern auch stets zu erweisen bereit war.

LEBENSAUSKLANG UND TESTAMENT

Schopenhauers Arbeit der letzten Lebenszeit galt der Ergänzung, Verbesserung und Einrichtung seiner Schriften für deren zweite Auflage. 1854 kamen *Der Wille in der Natur* und *Über das Sehn und die Farben* neu heraus; 1860 *Die beiden Grundprobleme der Ethik.* 1859 konnte der Autor der *Welt als Wille und Vorstellung* noch das Erscheinen der dritten Auflage dieses Hauptwerkes erleben. Er durfte sich nun wirklich voll entschädigt fühlen für die langen Jahre des Unbeachtetseins, der Obskurität, des chronischen Mißerfolgs. Es hätte scheinen können, als habe das Schicksal den Philosophen zu guter Letzt noch dazu verführen wollen, unter die Optimisten zu gehen. Und in der Tat: hinsichtlich der Zukunft seiner Lebensleistung gab er sich schließlich nicht selten der rosigsten Stimmung hin. Jedoch: auch hier hieße es durchaus unphilosophisch denken, wollte man wiederum den schon mehrmals abgehandelten «Widerspruch zwischen Theorie und Praxis» behaupten. Die pessimistische Weltansicht hat nichts mit subjektiven «Stimmungen» zu tun. Wohl kann die Richtungnahme des Erkenntnisstrebens in solchen Stimmungen, oder vielmehr: in den Erfahrungen, aus denen sie entsprungen sind, ihren ersten Anlaß haben – und das war bei Arthur Schopenhauer zweifellos der Fall. Allein sobald das Denken in Bewegung geraten ist und den Gesetzen des Erkenntnisaktes gehorcht, verfolgt es seinen eigenen Weg und läßt auf diesem alles Subjektive hinter sich. So jedenfalls verhält es sich bei dem berufenen Denker, im Unterschiede freilich zum menschlichen Durchschnitt, bei dem der Intellekt unter allen Umständen im Dienste des Willens gefangen bleibt. *Während dem gewöhnlichen Menschen sein Erkenntnisvermögen die Laterne ist, die seinen Weg beleuchtet, ist es dem Genialen die Sonne, welche die Welt offenbar macht.* Auf weitere Sicht übrigens hat sich der gelegentliche Altersoptimismus Schopenhauers dann ja auch als Täuschung erwiesen. Denn zwar die nähere Zukunft brachte seinen Werken einen mächtigen Widerhall; aber daß, wie er glaubte, seine Lehre sich in der Folge für immer durchgesetzt und, als «die» erklärte Wahrheit schlechthin, die Geltung der anderen Denksysteme vor dem Forum der philosophischen Fachgelehrsamkeit überwunden hätte, davon kann keine Rede sein.

Margaretha Schnepp, die Haushälterin. Pastell von A.L. Reinermann, 1858

Noch kurz vor seinem Tode rühmte sich Schopenhauer seiner unverwüstlichen Gesundheit und gab anderen gute Ratschläge, wie sie ebenso rüstig bleiben könnten. Doch nachdem schon Anflüge von Herzklopfen und Atemnot als warnende Boten aufgetreten waren, überfiel ihn zu Anfang des September 1860 ein Erstickungsanfall, von dem er sich zunächst schnell wieder erholte. Aber alsbald stellte sich eine Lungenentzündung ein, verbunden mit Bluterguß. Am Abend des 18. besuchte ihn Gwinner zum letztenmal, und hier sprach der Kranke jenes Wort von seinem Grauen bei dem Gedanken, wie es seinem Werke unter den Händen der Philosophieprofessoren ergehen werde. «Über dem Gespräch war es dunkel geworden; die Haushälterin stellte die Leuchter auf – denn das verdeckte Licht einer Lampe mochte er nicht – und ich konnte mich noch seines hellen Blicks freuen, in dem nichts von Krankheit und Alter zu lesen war. Es wäre doch erbärmlich, sagte er, wenn er jetzt sterben sollte: er habe den

Vestibül des Sterbehauses Schöne Aussicht 16

Parergen noch wichtige Zusätze zu geben.» Die Unterhaltung drehte sich des weiteren um Schopenhauers Philosophie. «Er legte Wert darauf, daß seine Schriften von Dilettanten und, nach deren Art, mit Enthusiasmus ergriffen wurden: nur bei ihnen hoffte er den zum Verständnisse derselben nötigen Grad von Unbefangenheit und Unabhängigkeit finden zu können. Am meisten aber freute es ihn, daß seine scheinbar gänzlich irreligiösen Lehren ‹als Religion anschlugen›, und den leergewordenen Platz des verlorenen Glaubens ausfüllend, zur Quelle innerster Beruhigung und Befriedigung wurden.» Beim Abschied äußerte er noch: «... es würde für ihn nur eine Wohltat sein, zum absoluten Nichts zu gelangen; aber der Tod eröffne leider keine Aussicht darauf. Allein, es gehe wie es wolle, er habe zum wenigsten ein reines intellektuelles Gewissen.» Wenige Tage später, am Morgen des 21. September, eines Freitags, endete ein Lungenschlag das Leben des großen Wahrhaftigen. Am 26. September – den langen zeitlichen Abstand von der Todesstunde hatte er selbst, aus Furcht vor Scheintod, festgesetzt – fand im Beisein eines «kleinen, wunderlich gemischten Häufleins» die feierliche Beerdigung statt. Nach dem eigenen Wunsch des Dahingeschiedenen barg seinen Leichnam, in «starkem, eichenhölzernen Sarge», eine *Grabstätte auf ewige Zeit*, bedeckt von einem granitenen «4 bis 5 Fuß langen Grabstein», auf dem nur der Name Arthur Schopenhauer steht, *schlechterdings nichts weiter, kein Datum, noch Jahreszahl, gar nichts, keine Sylbe.* Auf Gwinners Frage, wo er ruhen wolle, hatte er erwidert: *Es ist einerlei, sie werden mich finden.*

Von Schopenhauers Testament muß noch gesprochen werden, weil seine Bestimmungen ebenso charakteristisch für ihn sind wie jede anderweitige Entscheidung, die er jemals getroffen hat. Kein Wunder, daß auch dieses Dokument der immer wachsamen Verkleinerungssucht willkommene Nahrung gab. Wir müssen uns hier mit einigen kurzen Hinweisen begnügen.

Date obolum Belisario! – das ist die merkwürdige Überschrift des Testaments, über deren genaue Bedeutung sich die Schopenhauer-Forscher bis heute nicht einig sind. «Gebt dem Belisar einen Obolus!» Das Wort erinnert an das legendäre Schicksal des byzantinischen Feldherrn Belisar, den der undankbare Kaiser Justinian, aus Eifersucht auf seinen Tatenruhm, habe blenden und dem Bettlerlos überantworten lassen. Die Frage ist nun, ob Schopenhauer mit der Beschwörung dieser Gestalt nur andeuten wollte, daß er sich von der Mitwelt für das, was er ihr geleistet, mit Undank belohnt fühle; oder ob das Wort ganz einfach auf die von ihm eingesetzten Haupterben bezogen werden sollte, was die nächstliegende und, im Sinne des Vergleichsbildes, einleuchtendste Auslegung wäre. Denn: zum Universalerben – abzüglich einer Reihe sonstiger Legate – hatte der Philosoph bestimmt *den in Berlin errichteten Fonds zur Unterstützung der in den Aufruhr- u. Empörungskämpfen der Jahre 1848 & 49 für Aufrechterhaltung u. Herstellung der gesetzlichen Ordnung in Deutschland invalide gewordenen Preußischen Soldaten, wie auch der Hinterbliebenen solcher, die in jenen Kämpfen gefallen sind.* Die aus diesem Fonds Betreuten also waren die – zahlreichen – «Belisare», für deren jeden Einzelnen das an sich reiche Schopenhauersche Vermächtnis, zumal gemessen an ihren Verdiensten um die Ordnung, nur einen «Obolus» darstellte. Daß Schopenhauer, gleich Goethe, einen instinktiven Widerwillen gegen jede gewaltsame Störung bestehender Rechtsverhältnisse, vor allem gegen entfesselte «Volkswut» und jede Art von Massentumulten, insbesondere unter Gesetzesbruch, empfand, wird niemandem unverständlich sein, der nicht nur seine Geringschätzung der Durchschnittsmenschen, ihrer zumeist unklaren Triebe, ihrer selbstsüchtigen Leidenschaften und fast stets

Salomon Friedrich Stiebel, der Hausarzt Schopenhauers

nur vorgeschobenen «edlen» Motive kennt, sondern auch deren tiefere, erkenntnismäßige Begründung. Schopenhauer hatte die Frankfurter Straßenkämpfe vor seinen Fenstern gehabt, und dieser Anschauungsunterricht hatte den Abscheu des Geistesaristokraten vor der *souveränen Kanaille* nur verstärken können. Jedoch läßt sich nachweisen, daß der Beweggrund seiner testamentarischen Entscheidung nicht so sehr in diesen Gesinnungen und Einsichten lag als vielmehr in der Empörung über die mangelhafte Versorgung der bei jenen Unruhen im Staatsdienst Gefallenen oder Geschädigten. Mithin bekundet sich auch hier einmal mehr, wie so oft, seine menschliche Güte. Diese trat auch in den übrigen Bestimmungen des Testaments zutage. Man bedenke dabei: daß es überhaupt soviel zu vererben gab, lag schließlich an dem unaufwendigen Lebensstil des großen Denkers, dessen persönliche Bedürfnisse mit reichlichem, gutem Essen und eleganter Kleidung im wesentlichen befriedigt waren; und an der Klugheit, mit der er sein Vermögen verwaltet und es, den Lehren und dem Vorbild der Vaters getreu, im Laufe seines Leben gar noch aufs Doppelte vermehrt hatte. Niemals hatte ihn die Verehrung für jenen Mann verlassen, dessen *Manen* er die zweite Ausgabe der *Welt als Wille und Vorstellung* dedizierte mit den Eingangsworten: *Edler, vortrefflicher Geist, dem ich alles verdanke, was ich bin und was ich leiste. Deine waltende Vorsorge hat mich geschirmt und getragen, nicht bloß durch die hilflose Kindheit und unbedachtsame Jugend, sondern auch ins Mannesalter und bis auf den heutigen Tag. Denn, indem Du einen Sohn, wie ich bin, in die Welt setztest, sorgtest Du zugleich dafür, daß er auch als ein solcher in einer Welt, wie diese ist, bestehn und sich entwickeln konnte ...*

Unmittelbare Verwandte mit Erbschaftsansprüchen besaß Schopenhauer zur Zeit der Testamentsabfassung nicht mehr. Statt dessen aber entferntere Verwandte, deren einige er sogar gelegentlich unterstützt hatte. Von solchen, die er in bedrängten Verhältnissen wußte, lebten nur noch wenige. Diesen – den Kindern eines verstorbenen Vetters – sprach er ein nicht unbeträchtliches Vermächtnis zu. Seinen Dank für die langjährigen Dienste der Margaretha Schnepp aber stattete er mit der Festsetzung einer lebenslänglichen Leibrente ab. Außerdem gingen sämtliche Möbel, Kleider, Betten, Wäschestücke und das Silberzeug in ihren Besitz über. Eine besondere Entschädigung bestimmte er der Magd zusätzlich für die Übernahme und Pflege des getreuen Pudels. Sollte sie ihn nicht haben wollen, waren Dr. Gwinner oder der Bankbeamte August Gabriel Kilzer für diesen Liebesdienst ausersehen; falls keiner der Genannten sich bereit fand, sollte sich *irgend ein Ehrenmann, der mein Andenken ehrt,* des Tieres annehmen. Des Legats für die ehemalige Berliner Geliebte Caroline Medon wurde bereits früher gedacht. Dem *Executor testamenti* Dr. Gwinner fiel die Bibliothek zu, den übrigen Freunden einzelne Erinnerungsstücke.

Kaum eine Woche nach dem Tode Schopenhauers fühlte sich ein deutscher Dichter, jener schon einmal erwähnte Karl Gutzkow, bemüßigt, unter Mißachtung aller Anstandsrücksichten den eben erst Verblichenen wegen dieses Testaments aufs hemmungsloseste zu verleumden, zu verdächtigen und herunterzumachen. Der Tonangeber des «Jungen Deutschland», dessen Charakter selbst wahrhaft revolutionäre Geister wie Heine, Hebbel und Wagner aus genauer Kenntnis keineswegs schätzten, machte sich hier zum Sprachrohr des plattesten Parteidoktrinarismus, ohne zu merken, wie tief er mit seinen Anwürfen unter jener Ebene blieb, auf der allein eine Erscheinung vom Range Arthur Schopenhauers überhaupt von der wertenden Intelligenz ergriffen, ja, auch nur in ihren Schwächen einigermaßen zutreffend verstanden werden kann. Allein dieses Pamphlet, veröffentlicht auch noch in den so gemütlich klingenden «Unterhaltungen am häuslichen Herd», machte immerhin eine Weile von sich reden und weckte in so manchen subalternen Gemütern Gefühle der Genugtuung. Kein Mensch wäre freilich darüber weniger erstaunt gewesen als der, welcher einmal gefragt hatte: *Wo ist eine Eitelkeit die ich nicht gekränkt hätte?* Und der keinen Augenblick seines langen Lebens vergessen hatte, sich die Erkenntnis aller Erkenntnisse vorzuhalten: *Man dient nicht der Welt und der Wahrheit zugleich.*

Todes-Nachricht.

Am 21. l. M., Morgens 8 Uhr, verschied dahier in Folge einer Lungenlähmung im Alter von 72 Jahren und 7 Monaten

Dr. **Arthur Schopenhauer.**

Die Beerdigung wird Mittwoch den 26. l. M., Nachmittags 3 Uhr, vom Leichenhause des Friedhofs aus stattfinden.

Frankfurt a. M., den 22. September 1860.

Der Testamentsvollstrecker: Dr. **Wilhelm Gwinner.**

KRITISCHER ÜBER- UND AUSBLICK

Es ist ein unsinniges Unterfangen, einem in sich geschlossenen philosophischen Lebenswerke, einem bis zu einem hohen Grade unauflöslichen Denksystem die Frage entgegenzuhalten, ob mit seiner Vollendung nun «das» Welträtsel gelöst, ob mit den von ihm angebotenen Aufschlüssen nunmehr «die» Wahrheit, die letzte und endgültige, gefunden sei. Schon darum ist eine solche Fragestellung aberwitzig zu nennen, weil nicht einmal erweisbar ist, ob es «die» ein für allemal feststehende, also ebenso vorbestimmte wie letztgültige Wahrheit überhaupt gibt; ob nicht auch «die Wahrheit», wie alles Wirkliche und Lebendige, beständig im Fluß und mithin wandelbar sei? Sie als Erkenntnisinhalt zu bergen, wäre dann – und so verhält es sich wahrscheinlich – immer nur die Leistung eines Augenblicks und für den Augenblick; man fasse in diesem Zusammenhange die zeitliche Ausdehnung des «Augenblicks» so weit, wie man wolle. Zudem aber muß auch der überzeugteste Gegner des modernen Agnostizismus die Gültigkeit seines wohlbegründeten (aber gänzlich unschopenhauerischen) Glaubens an die faktische Unbegrenztheit des menschlichen Erkenntnisvermögens dahingehend einschränken, daß jeder Einzelne nur immer den seiner individuellen Bewußtseinslage entsprechenden Aspekt des Weltpanoramas in das geistige Blickfeld bekommen wird; daß demnach auch der profundeste Denker nur den seinem Standort gemäßen Ausschnitt des Wahrheits- und Wirklichkeitsganzen wird überschauen können. Dieser Ausschnitt mag freilich gegebenenfalls groß genug und vom erkennenden Geiste hell genug beleuchtet sein, um ein Wesentliches der Totalität mindestens ahnungsweise erlebbar werden zu lassen und als Erkenntnisbild für einen sehr beträchtlich langen «Augenblick» Wahrheitswert zu behalten. Dies und nicht weniger ist es, was man von dem philosophischen Werk Arthur Schopenhauers behaupten darf, und was sich dadurch bestätigt hat, daß dieses Werk in einer Anzahl der produktivsten Köpfe seines und auch noch unseres Jahrhunderts fruchtbar, daß es im buchstäblichen Sinne kulturschöpferisch geworden ist. (Seltsame Wirkung einer lebenverneinenden Denkart!) Diese Kraft hat es jedoch *nur in seiner unangetasteten originalen Einheit* bewiesen. Wogegen sie den vermeintlichen philosophischen Nachfolgern, die nicht bedachten, daß der besagte Wahrheitswert eines bestimmten Weltaspekts jedenfalls nur so lange bestehend und wirksam bleibt, wie das Ganze des aus jenem Aspekt gewonnenen Bildes nicht in willkürlich gedeutete, ungemäßen Bezügen anbequemte Bestandteile zerrissen wird, durchaus versagt blieb.

Wenn Schopenhauer tief davon durchdrungen war, den entscheidendsten Schritt zur Entdeckung der philosophischen Wahrheit getan zu haben, so durfte er sich dabei auf sein «reines intellektuelles Gewissen» berufen, das zweifellos um vieles feiner entwickelt und daher unbestechlicher war als bei anderen, vielleicht ebenso «freien» Gei-

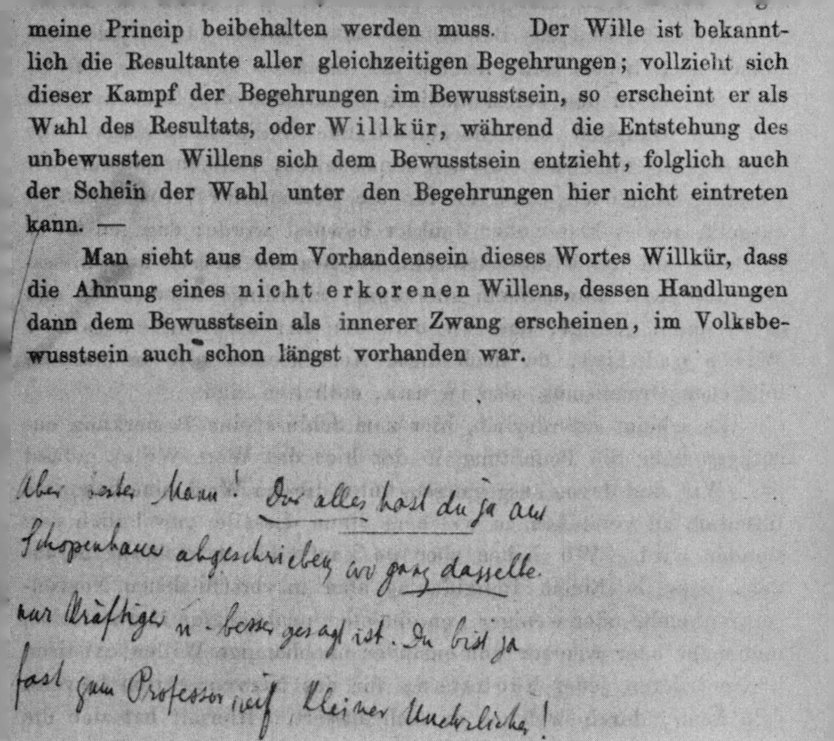
meine Princip beibehalten werden muss. Der Wille ist bekanntlich die Resultante aller gleichzeitigen Begehrungen; vollzieht sich dieser Kampf der Begehrungen im Bewusstsein, so erscheint er als Wahl des Resultats, oder Willkür, während die Entstehung des unbewussten Willens sich dem Bewusstsein entzieht, folglich auch der Schein der Wahl unter den Begehrungen hier nicht eintreten kann. —

Man sieht aus dem Vorhandensein dieses Wortes Willkür, dass die Ahnung eines nicht erkorenen Willens, dessen Handlungen dann dem Bewusstsein als innerer Zwang erscheinen, im Volksbewusstsein auch schon längst vorhanden war.

Aber bester Mann! Das alles hast du ja aus Schopenhauer abgeschrieben, wo ganz dasselbe nur kräftiger u. besser gesagt ist. Du bist ja fast zum Professor reif, kleiner Unehrlicher!

Der Altphilologe Erwin Rohde, Nietzsches Freund, schrieb in sein Handexemplar von Eduard von Hartmanns «Philosophie des Unbewußten» (1869): «Aber bester Mann! D a s a l l e s h a s t d u ja aus Schopenhauer abgeschrieben, wo g a n z d a s s e l b e, nur kräftiger u. besser gesagt ist. Du bist ja fast zum Professor reif, kleiner Unehrlicher!»

stern. Und wenn er so sehr für das Schicksal seiner Philosophie unter den Händen der Philosophieprofessoren nach seinem Tode fürchtete, so dachte er dabei wahrscheinlich nicht nur an bewußte gegnerische Verunglimpfung, sondern auch an wohlmeinende Auslegungen oder mißverständliche Folgerungen. In der Tat ist es nun so, daß es kaum eine philosophische «Schopenhauer-Nachfolge» gegeben hat, die sich nicht, auf unterschiedliche Weise, von der klaren, eindeutigen Aussage des Meisters mehr oder minder weit entfernt hätte. Jeder der als «Nachfolger» oder gar «Vollender» Schopenhauers apostrophierten Philosophen hat lediglich an das eine oder andere Teilstück seines Systems angeknüpft – an die pessimistische Grundansicht oder an den Willensbegriff oder an die Ethik oder an die Ästhetik usw. – und dieses Teilstück in ganz andere Gedankenrichtungen rangiert, es in ganz andere Begriffszusammenhänge gebracht, wodurch es vielleicht zum Hauptthema einer neuen philosophischen Konzeption wurde, jedoch eben darum nicht als eine «Fortsetzung» Schopenhauerschen Denkens gelten kann. Jene sogenannten Nachfolger hielten sich vor allem nicht an Schopenhauers Kardinalgebot der intellektuellen Moral: mit der philosophischen Spekulation keinen Schritt über die Grenze hinauszugehen, bis zu welcher das an den Satz vom Grunde gebundene Erkenntnisvermögen und das daraus abgeleitete Koordinatensystem einer vor allen Einwendungen des Intellekts verantwortbaren Begriffswelt reicht. Diesem selbstgegebenen Gebot gehorchend, hatte Schopenhauer es sich versagt, auf eine weitere Fragestellung nach dem eigentlichen metaphysischen Wesen des «Willens» über das hinaus, was ihm mit eben diesem Begriff «Wille» zutreffend formuliert zu sein schien, einzugehen. Dementgegen hat schon Eduard von Hartmann, der sich ausdrücklich als «Gegner des von Schopenhauer vertretenen subjektiven Idealismus in der Erkenntnistheorie, seines abstracten Monismus in der Metaphysik, seines abstracten Idealismus in der Ästhetik, seiner ungeschichtlichen Weltanschauung, seiner schwankenden und widerspruchsvollen Stellungnahme zur Theologie, seiner Lehren vom intelligiblen Charakter, von der transcendentalen Freiheit und von der Unveränderlichkeit des Charakters, seiner exoterischen Mitleidsmoral und seiner esoterischen Moral der individuellen Willensverneinung durch Quietismus und Askese, seiner einseitigen und ausschließlichen Bestimmung des Weltwesens als Wille, und seiner Bevorzugung des quietistisch-asketischen Inderthums und Urchristenthums vor dem weltthätigen Protestantismus» – also als Gegner so ziemlich des gesamten Schopenhauer mit einziger Ausnahme der pessimistischen Bestandsaufnahme bekannte, indem er aus dem pessimistischen Tatsachenbefund eine aktivistische Konsequenz zog, deren Orientierung nach den Grundsätzen eines hypothetischen teleologischen Evolutionismus und einer «Ethik der werktätigen Hingabe an die objektiven Zwecke des Weltprozesses» sich den verschiedensten philosophischen Quellen verdankte, den Boden intellektueller Gerechtfertigtheit im Sinne besagter Schopenhauerscher Kardinalforderung verlassen. In ähnlicher Weise steht auch bei Henri Bergsons religiös intendierter «Lebensphilosophie» mit ihrer intuitiven Erfassung des Entwicklungsgedankens, ebenso wie bei Max Schelers anthropo-kosmologischem Weltbildentwurf mit seinem Vorstoß in das freie Feld metaphysischer Improvisation und Inspiration die gewisse Rückverbindung zu Schopenhauer in keinem Verhältnis zu dem Maß der schließlichen Schopenhauer-Ferne (womit gar nichts gegen die Eigenbedeutung dieser philosophischen Leistungen gesagt ist). Fragwürdig erscheint auch die Berufung auf Schopenhauer im Falle Sigmund Freuds. Dessen monomanischer Pansexualismus beruht offenbar auf einer Mißdeutung der wirklichkeitsgemäßen Feststellung Schopenhauers, daß die Geschlechtsliebe, *nächst der Liebe zum Leben, sich als die stärkste und thätigste aller Triebfedern erweist, die Hälfte der Kräfte auf Gedanken des jüngeren Theiles der Menschheit fortwährend in Anspruch nimmt, das letzte Ziel fast jedes menschlichen Bestrebens* sei. Aus der *stärksten und thätigsten aller Triebfedern* macht der moderne Psychoanalytiker praktisch die einzige

Triebfeder; aus der *Hälfte der Kräfte und Gedanken des jüngeren Theiles der Menschheit* ein altersmäßig kaum begrenztes Totales. Dies auf Grund einer rein mechanistischen Vorstellung vom «Unbewußten», die ihrerseits einer Psychologie entspricht, nach der es möglich sein soll, die Psyche aus der Physis zu erklären. Wohingegen wohl die unangreifbarste aller Einsichten Schopenhauers diese ist und bleiben wird: daß jede *physische Erklärung, überhaupt und als solche, noch einer metaphysischen bedarf, welche den Schlüssel zu allen ihren Voraussetzungen lieferte, eben deshalb aber auch einen ganz anderen Weg einschlagen müßte.*

Friedrich Nietzsche

Steht somit die gemeinhin behauptete «Schopenhauer-Nachfolge» durchaus auf tönernen Füßen, so ist um so nachdrücklicher festzuhalten: die wahren Gefolgsleute, in denen Schopenhauers Lehre schöpferisch wurde und Kultur begründete, waren jene großen Unzeitgemäßen, Künstler und unabhängigen Denker, die mit ihm übereinstimmten in jener ganz ernst gemeinten pessimistischen Grundansicht, die sich im entschiedenen Protest gegen das heraufsteigende Zeitalter des plattesten Empirismus, des unmenschlichsten Nützlichkeitsdenkens, der progressiven Politisierung und Kollektivierung des Geisteslebens Luft machte, und deren Kern zutiefst empfundene Auflehnung gegen die «Welt, wie sie nun einmal ist», bildete. Bei Richard Wagner war diese Auflehnung am engsten mit der profunden Überzeugung von der Erlösungsbedürftigkeit der bestehenden Welt verbunden. Anders, doch nicht minder wesenhaft, äußerte sich die Schopenhauer-Zugehörigkeit als schöpferischer Impuls bei Hebbel, bei Nietzsche (dem Dichter und dem Kämpfer gegen seine Zeit, nicht dem Erfinder des «Übermenschen»), wie bei manchen späteren Empörern gegen den Lauf der Welt. (So hat, sehr zu Recht, schon Heinz Horn – im Jahrbuch 1943 der Schopenhauer-Gesellschaft – den Sachverhalt der «Nachfolge» gesehen.) Eine besondere Variante dieser «Gefolgschaft» stellte Jacob Burckhardt dar mit seiner Ablehnung jeder willkürlichen Geschichtshermeneutik, vor allem aber seiner Distanzierung von dem zeitgemäßen blinden Fortschrittsoptimismus.

Schopenhauer-Nachfolge im konkreten Sinne einer rein denkerischen Weiterentwicklung *seines* philosophischen Systems ist übrigens kaum vorstellbar; weil nämlich der einzige Punkt, in dem dieses System in sich selbst unvollendet geblieben ist und eine für seine eigene Standfestigkeit entscheidende Frage offen gelassen hat, nur von Schopenhauer selbst möglicherweise noch hätte geklärt werden können, ohne daß die Lösung seinem ganzen Gedankengebäude zum Verhängnis geworden wäre. Mit jenem ungeklärt gebliebenen Punkte hängt die – vielen Menschen so anstößige – *radikale Konsequenz* der pessimistischen Grundansicht aufs engste zusammen. Deshalb kann diese auch unmöglich von Schopenhauers Denksystem abgetrennt und zum zeitgeschichtlich bedingten, bloßen Anhängsel abgewertet werden, wie dies durch Egon Friedell geschehen ist. Nun läßt sich freilich nicht leugnen, daß eben diese radikale Konsequenz – also als der Weisheit letzter Schluß: die Erklärung des gesamten existierenden physischen Universums zu einer einzigen, nur der verächtlichen Verneinung würdigen universalen Sinnlosigkeit – etwas Absurdes hat. Auch ein gehöriges Stück Hybris steckt darin, zumal, wenn der radikale Verneiner nicht umhin kann, zuzugeben, daß auch sein haarscharfes Denken *darüber* nichts zu ergründen vermag: welche Antwort der Verneinung etwa aus der metaphysischen Region des «blinden Willens» zuteil werden möchte und mit welchen Folgen. Und diese Frage leitet geradewegs zu jener entscheidungsvollen offen gebliebenen, von der sowohl Schopenhauer selbst wie, noch ausführlicher, sein kritischer Interpret Gwinner bezeugt, daß sie unseren Philosophen bis in seine letzten Tage fortgesetzt beschäftigte. Mit Recht spricht Gwinner von dem hier zur Erörterung stehenden Punkt als von dem «großen bedenklichen Deficit» der Schopenhauerschen Philosophie. Das Problem ist dadurch gestellt, daß Schopenhauer lehrt, «die Individualität inhärire zwar zunächst dem Intellekt, der, die Erscheinung abspiegelnd, der Erscheinung angehöre, welche das principium individuationis zur Form habe; aber *sie inhärire auch dem Willen*; nur *in seiner Bejahung*. In dieser Bejahung liege die metaphysische freie Tat, welche den intelligiblen Charakter begründe.» Aus dieser Darlegung folgt, wie Schopenhauer formuliert, *daß die Individualität nicht allein auf dem principio individuationis beruht und daher nicht durch und durch bloße Erscheinung ist; sondern daß sie im Dinge an sich, im Willen des Einzelnen, wurzelt: denn sein Charakter selbst ist individuell. Wie tief nun aber hier ihre Wurzeln gehn, gehört zu den Fragen, deren Beantwortung ich nicht unternehme.* Gerade an der Beantwortung eben dieser Frage müßte sich aber die Gültigkeit des Weltbildes nicht nur der Philosophie Schopenhauers, sondern vielleicht *jeder* Philosophie nachprüfen lassen; denn sie würde ungeahnte neue Aspekte eröffnen. Allein die strenge Abgrenzung, die Schopenhauer der Reichweite des an den Satz vom Grunde gebundenen menschlichen Erkenntnisvermögens und damit der Verantwortbarkeit philosophischer Aussage zog, verbot ihm – mit Gwinner

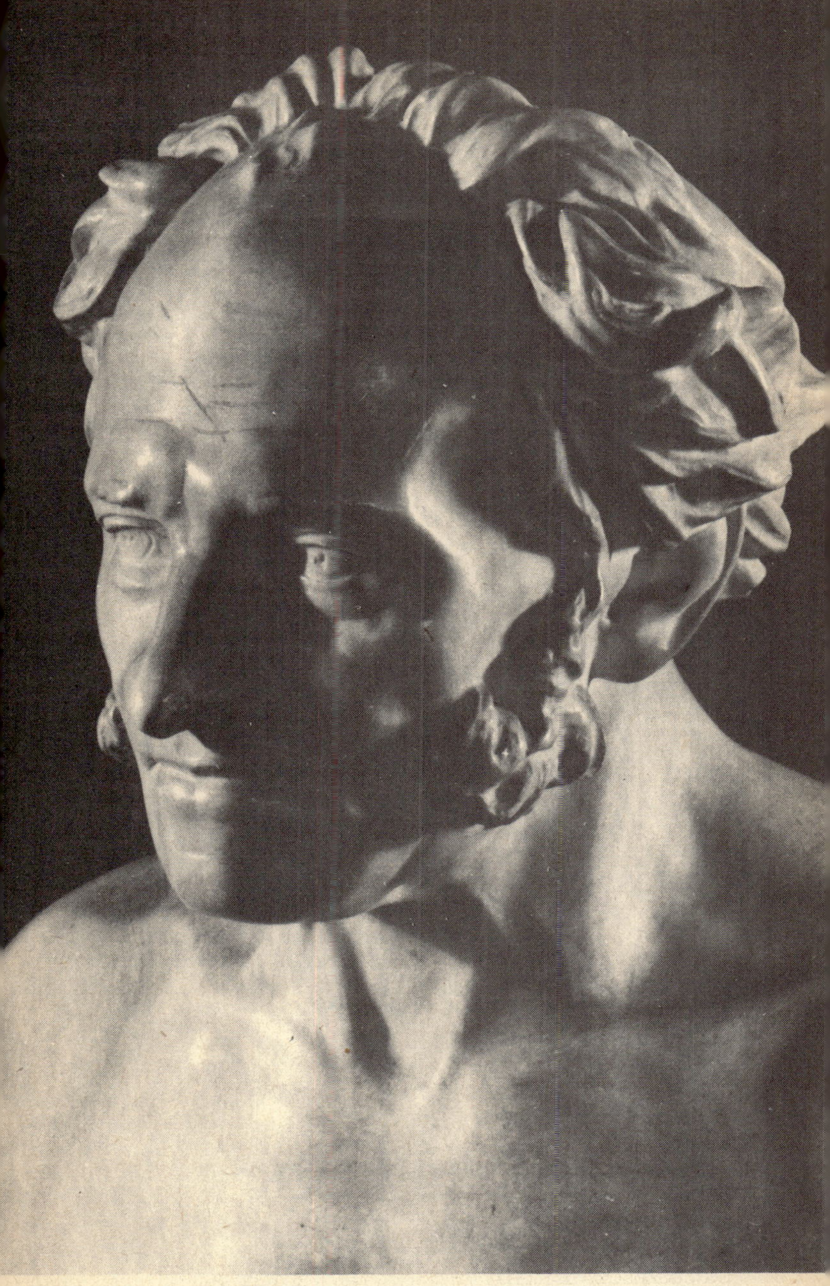

Die Schopenhauer-Büste von Elisabet Ney. Seitenansicht

zu reden – «die concrete Lebensfülle, die ureigene Kraft einer an sich idealen Potenz wie der Wille ist, nur einen Schritt noch über die Grenze der physischen Welt hinaus festzuhalten». Seine «einseitige Analyse des Selbstbewußtseins», noch mehr sein Glaube an die Untrennbarkeit der Denktätigkeit von dem Mechanismus der Kausalität waren es, die ihn zwangen, wie Gwinner rügt, «das Postulat Kants, das Ding an sich müsse etwas von der Erscheinung toto genere Verschiedenes sein», «mit eiserner Konsequenz» festzuhalten und «jede Vermittlung, welche ihm etwa die Tatsachen des Bewußtseins oder die Tatsachen der Außenwelt an die Hand gegeben hätten», auszuschlagen. Dadurch blieb ein unüberbrückbarer Dualismus bestehen. Die Frage nach der «Daseinsform des Dinges an sich, außerhalb jeder Verkörperung, wies er als unbefugt entschieden zurück und leugnete deshalb an demselben auch die Form des menschlichen Bewußtseins».

Jedoch: einzig auf dem Wege, den er sich selbst versperrte, hätte der Philosoph der Lösung jenes unbewältigten Problems näher kommen können. Vielleicht auch hätte er die «Wurzeln der Individualität» dann eng verwachsen finden können mit dem *Mysterium der Palingenesie* (Reinkarnation), dessen Annahme ihm ja durchaus nahelag, und wäre er in solchen Zusammenhängen zu einem spirituellen Weltverständnis unter Einschluß des Evolutionsgedankens gelangt, in dessen Verfolg sogar noch die Geschichtsinterpretation sich über eine bloße Konstatierung der Wiederholung des ewig Gleichen «unter andern Konfigurationen» und über ein Verständnis als «Selbstbewußtseyn des menschlichen Geschlechts» hinaus zur Erkenntnis eines Durchschreitens fortgesetzter Bewußtseinswandlungen hätte erweitern und vertiefen können. Indessen, daß er sein «intellektuelles Gewissen», ungeachtet des intuitiven Einschlags in seiner Kontemplation, so unlöslich an die alleinige Zuständigkeit des Kausaldenkens band, kann einem Philosophen nicht als Manko angerechnet werden, der auf dem Boden der Wissenschaft seiner Zeit stand, die noch nichts ahnte von der großen Entdeckung unserer Tage: daß selbst in der Welt der Erscheinungen nicht ausschließlich Kausalität gilt und wirkt. So bleibt uns abschließend noch einmal anzuerkennen: auf dem Wege der philosophischen Redlichkeit, wie er sie verstand, konnte Schopenhauer als der, der er war, kein anderes Ziel als das der radikalen Verneinung der Welt, wie sie ist, erreichen. Die Unerschrockenheit, mit welcher er sich dazu bekannte, zwingt uns, auf den Mann, dem seine Mutter bescheinigte, daß Wahrheitsliebe seine größte Tugend war und daß nie eine Lüge aus seinem Munde kam, seine eigenen Worte zu beziehen:

Ein glückliches Leben ist unmöglich, das Höchste, was der Mensch erreichen kann, ist ein heroischer Lebenslauf. Einen solchen führt der, welcher, in irgendeiner Art und Angelegenheit für das allen irgendwie zu Gute kommende, mit übergroßen Schwierigkeiten kämpft und am Ende siegt, dabei aber schlecht oder gar nicht gelohnt wird ... Sein Andenken bleibt und wird als das eines Heros gefeiert.

Arthur Schopenhauers geistesgeschichtliche Bedeutung und seine menschliche Vorbildlichkeit wird bestehen, unabhängig von der zustimmenden oder ablehnenden Einstellung der Nachfahren zu seiner Lehre.

Zu den Anhängern, Vorkämpfern und Mittlern, die bereits zu Lebzeiten des Philosophen für sein Werk warben, seien endlich hier noch diejenigen genannt, denen es zufiel, späterhin das große geistige Erbe zu verwalten, zu betreuen und der jeweiligen Gegenwart zu erschließen. Es sind: an erster Stelle der Mitschüler und Freund Nietzsches Paul Deussen, Indologe und Autor einer eigenen Metaphysik, der 1911 die Schopenhauer-Gesellschaft und das Schopenhauer-Archiv gründete, seit 1912 die «Jahrbücher der Schopenhauer-Gesellschaft» erscheinen ließ und die erste kritisch durchgearbeitete Schopenhauer-Gesamtausgabe veranstaltete. Sodann, als Deussens regsamer Nachfolger, Arthur Hübscher, der heute mit unermüdlicher Tatkraft die Geschikke der Gesellschaft leitet, dem Archiv vorsteht, die Jahrbücher herausgibt und für eine neue, umfassende Gesamtausgabe in sieben Bänden verantwortlich zeichnet (2. Aufl. Wiesbaden 1946–1950). Den «Jahrbüchern» aber ist nachzurühmen, daß sie dank den gleichbleibend hochqualifizierten Beiträgen ausgezeichneter Mitarbeiter einen sehr beachtlichen Faktor des philosophischen Gegenwartslebens darstellen. Keineswegs auf Schopenhauer-Forschung im engeren Sinne beschränkt, bezeugen sie mit dem

Paul Deussen, Begründer und erster Präsident der Schopenhauer-Gesellschaft

Arthur Hübscher

Abwechslungsreichtum ihrer Themen, daß auch die getreueste Anhängerschaft nicht notwendig auf der Stelle treten muß – daß Schopenhauerianer sein auch in unserem Jahrhundert kein Anachronismus zu sein braucht.

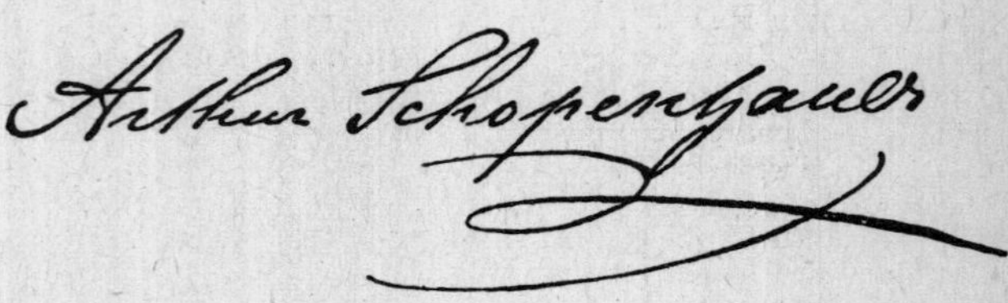

ZEITTAFEL

1788 Arthur Schopenhauer am 22. Februar in Danzig, Heiligengeistgasse 114, geboren; am 3. März in der Pfarrkirche St. Marien getauft.

1793 Freiheitsdrang veranlaßt den Vater Heinrich Floris Schopenhauer, als Danzig dem preußischen Staat einverleibt wird, seiner Heimat unter großen Verlusten den Rücken zu kehren und in die Freie Hansestadt Hamburg überzusiedeln. Niederlassung im Haus Neuer Wandrahm 92.

1797 Geburt der Schwester Adele. Arthur zur Erlernung der französischen Sprache nach Le Havre, wo er im Hause des Geschäftsfreundes seines Vaters, Grégoire de Blésimaire, zwei glückliche Jahre verbringt und sich mit dem Sohn des Hauses, Anthime Grégoire, befreundet.

1799 Besuch der Rungeschen Privatschule in Hamburg. Da Arthur über das dort Erlernbare schnell hinauswächst, bittet er den Vater, ihn aufs Gymnasium zu schicken; vergeblich, weil der Vater, der ihn zum Kaufmann erziehen will, die humanistischen Studien überflüssig findet. Schließlicher Alternativvorschlag des Vaters: Gymnasium oder mehrjährige Bildungsreise durch Europa. Arthur entscheidet sich für die Reise.

1800 Reise nach Karlsbad und Prag.

1803–1804 Reise durch Holland, England, Frankreich, Schweiz, Österreich, Schlesien und Preußen. 1803 verbringt Arthur mehrere Wochen zur Erlernung der englischen Sprache im Eagle House zu Wimbledon. Während der ganzen Reise führt er Tagebücher, in denen die vielfältigen Eindrücke erhebender und niederdrückender Art ihren Niederschlag finden. Frühe pessimistische Empfindungen und Urteile.

1805 Heimkehr nach Hamburg. Antritt der Kaufmannslehre in der Firma Jenisch. Am 20. April tödlicher Unfall des Vaters. Schon vorher kritische Einstellung des Sohnes zum Wesen und Verhalten der Mutter.

1806 September: Nach Auflösung des väterlichen Geschäfts verlassen Johanna und Adele Schopenhauer Hamburg für immer. Arthur bleibt allein zurück. Zustand der Zerrissenheit im Schwanken zwischen pflichtmäßiger Fortsetzung der Kaufmannslehre und Neigung zu einem geistigen Lebensberuf. Beschäftigung mit den Werken Matthias Claudius', W. H. Wackenroders und Ludwig Tiecks. Erotische Wirrnisse und seelische Krisen.

1807–1809 Nach brieflichen Auseinandersetzungen mit der Mutter, die jetzt in Weimar eine glänzende gesellschaftliche Rolle spielt, entscheidet der verständnisvolle Rat des Kunstliteraten Karl Ludwig Fernow Schopenhauers Zukunft: im Juni 1807 wird er Schüler des Gymnasialdirektors Doering in Gotha. Im Dezember wechselt er nach Weimar über (wichtigster Lehrer: Franz Passow). Umgang mit J. D. Falk und Zacharias Werner. Leidenschaftliche Neigung zu Karoline Jagemann. Großjährig geworden, bekommt Schopenhauer seinen Anteil am väterlichen Erbe ausgezahlt. Nachdem er innerhalb von zwei Jahren das Gymnasialpensum bewältigt hat, bezieht er am 9. Oktober 1809 die Universität Göttingen.

1809–1811	Umfassende wissenschaftliche Studien in Göttingen. Der Philosoph G. E. Schulze weist Schopenhauer auf Platon und Kant hin, die fortan seine Leitsterne bleiben. Während der Oster-Semesterferien 1811 Besuch in Weimar. Begegnung mit Chr. M. Wieland. Schopenhauer zu Wieland: *Das Leben ist eine mißliche Sache: ich habe mir vorgesetzt, es damit hinzubringen, über dasselbe nachzudenken.* – Herbst 1811 bezieht er die Universität Berlin.
1811–1813	Berliner Studienjahre. Verehrung für J. G. Fichte und Fr. Schleiermacher schlägt auf Grund von deren Vorlesungen in Geringschätzung und Widerspruch um. Förderung seiner Ansichten durch den Philologen Fr. A. Wolf. Im Frühjahr 1813 vertreiben die Kriegsunruhen Schopenhauer aus Berlin.
1813–1814	Kurzer Aufenthalt in Weimar. Verstimmung mit der Mutter. Schopenhauer zieht sich nach Rudolstadt zurück und verfaßt dort seine Dissertation *Über die vierfache Wurzel des Satzes vom zureichenden Grunde*, zu deren ersten Lesern Goethe gehört. Nach Empfang des Doktor-Diploms der Universität Jena (18. Oktober 1813) abermals nach Weimar. Jetzt häufigere Begegnungen mit Goethe, der gerade mit der Ausarbeitung seiner Farbenlehre befaßt ist. Durch Friedrich Majer wird Schopenhauer mit der altindischen Philosophie, dem Brahmaismus und dem Oupnek'hat bekannt, wodurch sein ganzes künftiges Denken entscheidend mitbestimmt wird.
1814–1818	Zerwürfnis mit der Mutter. Im Mai 1814 geht Schopenhauer nach Dresden. Verkehr in Literatenkreisen, Erneuerung früherer und Anknüpfung neuer Freundschaftsverhältnisse, vielseitige Studien in den Dresdener Sammlungen und Bibliotheken. 1815 Abhandlung *Über das Sehn und die Farben*, die 1816 im Druck erscheint und wegen ihrer Selbständigkeit bei Goethe keine ungetrübte Freude auslöst. Entwurf und Ausführung der ersten Fassung des Hauptwerkes *Die Welt als Wille und Vorstellung*. Volles Bewußtsein der geistesgeschichtlichen Bedeutung der im März 1818 abgeschlossenen Schrift, die Anfang 1819 bei F. A. Brockhaus herauskommt, aber einen totalen geschäftlichen Mißerfolg erntet.
1818–1819	Italienische Reise über Venedig, Rom, Neapel, Paestum, Rom, Venedig, Mailand. In Venedig Liebesabenteuer mit einer unbekannt gebliebenen Dame; unterlassene Fühlungnahme mit Lord Byron. In Mailand empfängt Schopenhauer (Juni 1819) die Nachricht vom Zusammenbruch des Danziger Bankhauses L. A. Muhl, bei welchem er einen Teil seines Vermögens deponiert hat. Zur Regelung dieser Angelegenheit, in deren Gefolge es zu neuen Spannungen zwischen ihm und der Mutter kommt, eilige Rückkehr nach Deutschland. In Weimar Wiederbegegnung mit Goethe. Die ungeklärte Zukunftsexistenz bestimmt Schopenhauer, sich um eine Dozentur an der Universität Berlin zu bemühen.
1820	Am 23. März Probevorlesung *Über die vier verschiedenen Arten der Ursachen* an der Berliner Universität. Anschließend Kolleg *Über die gesamte Philosophie oder die Lehre vom Wesen der Welt und vom menschlichen Geist*. Da Schopenhauer seine Vorlesungen demonstrativ zu den Stunden von Hegels Hauptkolleg ansetzt, bleiben ihm die Hörer aus. In der «Jena-

ischen Literaturzeitung» erscheint eine kritische Besprechung der *Welt als Wille und Vorstellung*; darauf Erwiderung Schopenhauers: *Notwendige Rüge erlogener Zitate.* Mutmaßlicher Beginn des Liebesverhältnisses mit Caroline Richter, genannt Medon.

1821 Affäre Marquet. Muhl & Co. zahlen Schopenhauer seine Forderungen aus.

1822 Zweite Italienreise über die Schweiz, Mailand, Venedig und Florenz.

1823 Rückkehr nach Deutschland (Mai). In München durch verschiedene Krankheiten fast ein volles Jahr festgehalten. Tiefe Depression, gesteigert durch Ertaubung des rechten Ohrs.

1824 Zur Kur in Gastein vom 29. Mai bis 19. Juni. Im September nach Dresden.

1825–1831 Im April 1825 wieder nach Berlin, um, ohne große Erwartungen, einen neuen Anlauf zur Dozentenkarriere zu nehmen. Andauer der Resonanzlosigkeit. In der «Kleinen Bücherschau» rühmende Besprechung der *Welt als Wille und Vorstellung* aus der Feder des Dichters Jean Paul. Übersetzung von Baltasar Graciáns «Hand-Orakel und Kunst der Weltklugheit», die aber erst nach Schopenhauers Tod veröffentlicht wird. Heiratspläne erwogen und verworfen. August 1831 Flucht aus Berlin wegen Choleraepidemie, welcher Hegel wenig später zum Opfer fällt. Schopenhauer verbringt den Winter in Frankfurt.

1832–1833 Aufenthalt in Mannheim (Juli 1832 bis Juni 1833). Endgültige Niederlassung in Frankfurt a. M.

1835–1836 Abfassung und Erscheinen der Schrift *Über den Willen in der Natur.*

1837 Denkschrift *An das Commitee zur Errichtung des Göthischen Monuments.* Schopenhauer greift in die Gestaltung der Kant-Gesamtausgabe ein, indem er erfolgreich für die Aufnahme der ersten Fassung der «Kritik der reinen Vernunft» anstatt der zweiten Fassung plädiert.

1838–1841 Tod der Mutter. Preisschrift *Über die Freiheit des menschlichen Willens,* 1839 gekrönt von der K. Norwegischen Societät der Wissenschaften; Preisschrift *Über das Fundament der Moral,* 1840 nicht gekrönt von der K. Dänischen Societät der Wissenschaften. 1841 erscheinen beide Preisschriften unter dem zusammenfassenden Titel *Die beiden Grundprobleme der Ethik.* 1840 tritt in der Person Dr. Julius Frauenstädts der erste von Schopenhauers in den folgenden Jahren sich ständig mehrenden «Aposteln und Evangelisten» in seinen Gesichtskreis.

1843–1844 Schopenhauer bezieht für die Dauer von sechzehn Jahren das Haus Schöne Aussicht Nr. 17. Friedrich Dorguths Schrift «Die falsche Wurzel des Idealrealismus» nennt Schopenhauer als Denker von weltgeschichtlicher Bedeutung. Vollendung des zweiten Teils der *Welt als Wille und Vorstellung.* 1844 erscheint die so ergänzte und überarbeitete 2. Auflage des Hauptwerks bei Brockhaus – ohne Honorar.

1845 Dorguths Schrift «Schopenhauer in seiner Wahrheit».

1847 Die Dissertation *Über die vierfache Wurzel des Satzes vom zureichenden Grunde* erscheint in zweiter Auflage.

1849 Tod der Schwester, kurz nach dem letzten Wiedersehen.

1851 *Parerga und Paralipomena* mit dem Hauptstück *Aphorismen zur Lebensweisheit* vollendet und erschienen – ohne Honorar.

1852 Schopenhauer formuliert sein Testament (Nachtrag am 4. Februar 1859).

1854 Zweite Auflage des *Willens in der Natur.* Richard Wagner läßt Schopenhauer seine Dichtung «Der Ring des Nibelungen» überreichen. Der Philosoph meint, Wagner habe mehr Talent zum Dichter als zum Musiker. «Brief über die Schopenhauer'sche Philosophie» von Julius Frauenstädt. Dr. Wilhelm Gwinner, Schopenhauers erster Biograph, der nach dem Tod des Freundes Dr. Martin Emden an dessen Stelle auch sein Testamentsvollstrecker wird, tritt Schopenhauer näher.

1855 Anfang der Serie der Schopenhauer-Porträts von Jules Lunteschütz und anderen Künstlern.

1857 Friedrich Hebbel besucht, in Gesellschaft Wilhelm Jordans, Schopenhauer (Mai).

1858 Siebzigster Geburtstag am 22. Februar. Schopenhauer lehnt die ihm angetragene Mitgliedschaft in der Königl. Akademie der Wissenschaften in Berlin ab.

1859 Am 1. Juli Umzug in das Nachbarhaus Schöne Aussicht Nr. 16. Dritte Auflage des Hauptwerkes. Die Bildhauerin Elisabet Ney fertigt eine Porträtsbüste Schopenhauers an.

1860 Am 9. September Ausbruch einer Lungenentzündung. 18. September letztes Gespräch mit Wilhelm Gwinner. Freitag, den 21. September, morgens: Arthur Schopenhauers Tod. 26. September Beisetzung auf dem Städtischen Hauptfriedhof.

ZEUGNISSE

Adam Ludwig von Doss

... der große Welt- und Menschenverächter, dessen Werth, trotz aller seiner Verstimmung und Bitterkeit, doch nicht durch die ephemeren Verdienste von Tausenden philanthropischer Weltbürger ersetzt werden kann ...
Dankbrief an W. Gwinner für dessen Schopenhauer-Darstellung. 1862

Richard Wagner

Da steht nun diese reine Unbegreiflichkeit, – der alte Schopenhauer! Die Idee eines «Schopenhauer» ist in diesem Bilde realisiert. Dies ist der Quell tiefer und klarer Gedanken, und leibhaftig haben wir ihn als Menschen vor uns. – Ich habe die eine Hoffnung für die Cultur des deutschen Geistes, daß die Zeit komme, in welcher Schopenhauer zum Gesetz für unser Denken und Erkennen gemacht werde. – Diese Zeit zeichnen Sie uns vor, indem Sie uns den Kopf zeichnen, in welchem jenes Gesetz seine edle Harmonie fand. – Er schaut wehmütig streng auf uns. – So feuert er die Besten an, ihm ein Lächeln abzugewinnen, welches Sie ihm schon ahnungsvoll eingeprägt haben.
Brief an Franz von Lenbach als Dank für das empfangene Schopenhauer-Porträt. 1868

Friedrich Nietzsche

Hier ist eine immer gleichartige stärkende Luft, so fühlen wir; hier ist eine gewisse unnachahmliche Unbefangenheit und Natürlichkeit, wie sie Menschen haben, die in sich zu Hause und zwar in einem sehr reichen Hause Herren sind: im Gegensatz zu den Schriftstellern, welche sich selbst am meisten wundern, wenn sie einmal geistreich waren, und deren Vortrag dadurch etwas Unruhiges und Naturwidriges bekommt ... Die Sehnsucht nach starker Natur, nach gesunder und einfacher Menschheit war bei ihm eine Sehnsucht nach sich selbst; und sobald er die Zeit in sich besiegt hatte, mußte er auch, mit erstauntem Auge, den Genius in sich erblicken.
«Unzeitgemäße Betrachtungen» III: «Schopenhauer als Erzieher». 1874

Thomas Mann

Das kleine hochgelegene Vorstadtzimmer schwebt mir vor Augen, worin ich, es sind sechzehn Jahre, tagelang hingestreckt auf ein sonderbar geformtes Langfauteuil oder Kanapee, «Die Welt als Wille und Vorstellung» las. Einsam-unregelmäßige, welt- und todsüchtige Jugend – wie sie den Zaubertrank dieser Metaphysik schlürfte, deren tiefstes Wesen Erotik ist, und in der ich die geistige Quelle der Tristan-Musik erkannte!

«Betrachtungen eines Unpolitischen». 1918

André Gide

Als ich die Welt als Wille und Vorstellung von Schopenhauer las, dachte ich sofort: also das ist es! – . . .

Tagebuch. 1924

Wilhelm Busch

Der Schopenhauer wohnt Wand an Wand mit dem Christentum. Nur daß die Wand keine Tür hat.

Aus den Altersgesprächen

Rudolf Steiner

Schopenhauer muß ich für ein borniertes Genie halten.

Selbstzitat aus der Erinnerung in «Mein Lebensgang». 1924

Damals wurde nämlich durch einen Kommilitonen in diesem Kolleg über «mündlichen Vortrag und schriftliche Darstellung» eine Diskussion über Schopenhauer angeregt, und der Jüngling, von dem hier die Rede ist, sagte damals in der Debatte: «Ich schätze Schopenhauer außerordentlich, aber wenn das richtig ist, was sich als Fazit der Schopenhauerschen Anschauung ergibt, dann möchte ich lieber der Holzpfosten sein, auf dem mein Fuß jetzt steht, als ein lebendes Wesen.» So war seine Seelenstimmung; der Jüngling wollte sich verteidigen gegenüber einem enragierten Schopenhauerianer. Daß er ihn jetzt nicht mehr abwehren würde, geht wohl schon daraus hervor, daß er selbst eine Schopenhauer-Ausgabe veröffentlicht hat, worin er den Ansichten Schopenhauers gerecht zu werden versuchte.

«Skizze eines Lebensabrisses». Vortrag über sich selbst. 1913

Walter Hueck

Man wirft Schopenhauer vor, er habe durch seinen grundsätzlichen Pessimismus die ganze Exaktheit und Objektivität seines Weltbildes zerstört. Ein völliges Mißverständnis! Ebensogut könnte man Rembrandt vorwerfen, er habe seine Bilder durch sein greuliches Helldunkel um alle Farbe gebracht. Schopenhauer ist nicht ein beliebiger Erkenntnisphilosoph, sondern ein einzigartiger Verkünder pessimistischen Weltgefühles. Die objektive Erkenntnis bleibt ein trügerisches Irrlicht, ein leeres Phantom, dem auch Schopenhauer keine festere Leibhaftigkeit hätte geben können – aber der Pessimismus, das ist gerade die Eigenart, die Schwungkraft, der Wert, die «Wahrheit» der Schopenhauerschen Philosophie.

«Die Philosophie des Sowohl-als-Auch». 1925

Egon Friedell

Wie Schopenhauer aus jeder Seite seines Werkes lebendig hervortritt, ein unvergleichliches Selbstporträt eines großen Dichters: in seinem bizarren Doktrinarismus und cholerischen Verfolgungswahn, seiner theoretischen Lebensweisheit und praktischen Weltfremdheit, seinen rührenden Marotten und närrischen Vorurteilen, seiner tragischen Genieeinsamkeit und komischen Hagestolzenversponnenheit, ist er eine unsterbliche Genrefigur, wie sie höchstens Ibsen in seinen besten Stunden geglückt ist. Wir müssen an Stockmann denken, wie er in streitbarem Idealismus gegen die «kompakte Majorität» ringt, an Borkman, wie er in unerschütterlicher Zuversicht auf die großartige Rehabilitierung wartet, und sogar ein wenig an den Doktor Begriffenfeldt... Schopenhauer ist, wie Nietzsche sogleich erkannte, ein Erzieher. Seine Schriften gehören dem Inhalt nach in die Gattung der «Imitatio Christi», der Konfessionen Augustins, der Selbstbetrachtungen Marc Aurels und Montaignes, der Form nach unter die Meisterwerke der Prosamalerei. Man kann ihn als Stilisten nur mit einem antiken Autor vergleichen: kein Neuerer vermag in diesem Maße Biegsamkeit mit Lapidarität, Temperament mit Würde, Ornamentik mit Natürlichkeit zu verbinden... Seine Philosophie hingegen hat viel mehr Zusammenhänge mit dem «Windbeutel» Fichte und dem «Unsinnsschmierer» Schelling als mit Kant und den Klassikern: sie ist in ihrem Irrationalismus und Pessimismus, Ästhetizismus und Aristokratismus, Geniekult und (unterirdischen) Katholizismus die reifste und reichste Blüte der Romantik.

«Kulturgeschichte der Neuzeit». 1931

Hans Pfitzner

Als «Mann aus dem Volke» (denn zum «Volke» gehörig muß nach Schopenhauer jeder angesehen werden, der nicht Latein und Griechisch versteht) und als Laie in wissenschaftlichen Dingen dürfte ich es nicht unternehmen, einen fachmännisch fundierten Beitrag über das Lebenswerk Schopenhauers zu bringen. Aber ein Bekenntnis zu ihm kann ich ablegen. Das ist sicherlich in seinem Sinne, und nicht ganz gleichgültig, wenn ich es tue... Und dieses mein Bekenntnis soll zwei Eigenschaften haben: erstens soll es ein ewiges sein, denn ich werde nie von ihm abfallen, wie es unzählige Menschen getan haben, die sich gewöhnlich noch damit brüsten, ihn «überwunden» zu haben. Alle diese Leute, auch das berühmteste Beispiel nicht ausgenommen, können ihn gar nicht verstanden haben, jedenfalls das Tiefste und Letzte seiner Lehre nicht. Zweitens aber soll dieses Bekenntnis zu ihm ein vollkommenes und ganzes sein, d. h. ohne jede Einschränkung, also nicht etwa, daß ich diese oder jene Teile seines Gedankengebäudes geringer schätzte als andere, oder gar ablehnte ... Es gibt keine Menschensorte, die mir lächerlicher und trauriger erscheint, als die Kleist-Umdichter, die Über-Kant-Hinausgeher und die Schopenhauer-Verbesserer.

Aus «Mein Bekenntnis zu Schopenhauer». 1938

Vom Geld ist die Rede, von wem noch?

Die See ging ihm ans Herz . . .

. . . schrieb er, als er auswanderte von Europa nach Amerika, als Dreißigjähriger. Zwei Jahre zuvor hatte ein Erbteil ihn in die Lage versetzt, sich endgültig und frei aller materiellen Sorgen nur noch der Dichtkunst zu widmen. Aber Tyrannei und Unterdrückung der Pressefreiheit in seiner europäischen Wahlheimat – er war gezwungen, unter Pseudonym zu veröffentlichen – hatten in dem sensiblen Mann den Entschluß reifen lassen, ins erhoffte Land der Freiheit zu emigrieren.

Er landete in Baltimore im Oktober 1832 und zog nach Crawford in Ohio, wo er Haus und Gut erwarb. Aber schon ein Jahr später verließ er die Vereinigten Staaten wieder, zutiefst enttäuscht von dem Materialismus dieses Landes, das – wie er in einem Brief schrieb – unter dem Fluch litt, der Nachtigallen und aller anderen Singvögel beraubt zu sein. Die Niagara-Fälle waren ziemlich das einzige gewesen, das ihn beeindruckt hatte, die unermeßlichen Urwälder der Neuen Welt aber hatten ihn erschreckt. Er verließ Haus und Gut so rasch, daß er seinen Besitz nicht einmal in zuverlässige Hände übergeben konnte.

In Europa hatten seine Gedichte ihn mittlerweile bekannt, ja berühmt gemacht. Immer noch hatte er ausreichende Mittel, um ohne materielle Sorgen zu leben; einen Beruf brauchte er nie im Leben auszuüben. Um so mehr quälten ihn nun moralische Sorgen: Er liebte die Frau seines Freundes. Diese Belastung verkraftete der Empfindsame nicht. Nach einem Paralyseanfall versank der 42jährige im Wahnsinn. Sechs Jahre später starb er in einem Asyl nahe Wien. Von wem war die Rede?

(Alphabetische Lösung: 12–5–14–1–21)

BIBLIOGRAPHIE

(Auswahl)

1. Erstausgaben

Ueber die vierfache Wurzel des Satzes vom zureichenden Grunde. Eine philosophische Abhandlung. Rudolstadt (Hof-, Buch- und Kunsthandlung) 1813 – 2. Aufl.: Frankfurt a. M. (Joh. Christ. Hermannsche Buchhandlung) 1847

Über das Sehn und die Farben. Leipzig (Hartknoch) 1816 – 2. Aufl. 1854

Die Welt als Wille und Vorstellung. Leipzig (F. A. Brockhaus) 1819 – 2., um den ganzen zweiten Teil vermehrte und durchweg ergänzte Aufl. 1844 – 3. Aufl. 1859

Theoria colorum physiologica. In: Scriptores ophtalmologici minores. Ed. Justus Radius. Vol. 3 – Lipsiae 1830 [Schopenhauers eigene Übersetzung der Abhandlung «Über das Sehn und die Farben» ins Lateinische]

Balthazar Gracian's Hand-Orakel und Kunst der Weltklugheit. Aus dessen Werken gezogen von Don Vincencio Juan de Lastanosa, und aus dem spanischen Original treu und sorgfältig übersetzt von Arthur Schopenhauer. (Nachgelassenes Manuscript.). Leipzig (Brockhaus) 1862

Der Wille in der Natur. Frankfurt a. M. (Schmerber) 1836 – 2. Aufl. Frankfurt a. M. (Joh. Christ. Hermannsche Buchhandlung) 1854 – 3. Aufl. von Julius Frauenstädt. Leipzig (Brockhaus) 1867

Die beiden Grundprobleme der Ethik, behandelt in zwei akademischen Preisschriften. I. Ueber die Freiheit des menschlichen Willens, gekrönt von der Königl. Norwegischen Societät der Wissenschaften, zu Drontheim, am 26. Januar 1839. II. Ueber das Fundament der Moral, nicht gekrönt von der K. Dänischen Societät der Wissenschaften, zu Kopenhagen, den 30. Januar 1840. Frankfurt a. M. (Joh. Christ. Hermannsche Buchhandlung) 1841 – 2., verbesserte und vermehrte Aufl. Leipzig (Brockhaus) 1860

Parerga und Paralipomena: kleine philosophische Schriften. Berlin (A. W. Hayn) 1851

2. Gesamtausgaben

Arthur Schopenhauers sämtliche Werke (6 Bde.). Hg. von JULIUS FRAUENSTÄDT. Leipzig (Brockhaus) 1873/74 – 2. verbesserte Aufl. 1878

Arthur Schopenhauers sämtliche Werke (6 Bde.). Hg. von EDUARD GRISEBACH. Leipzig (Reclam) 1890–1892

Arthur Schopenhauers sämtliche Werke (12 Bde.), mit Einleitung von Dr. RUDOLF STEINER. Stuttgart–Berlin (J. G. Cottasche Buchhandlung) 1894

Arthur Schopenhauers sämtliche Werke (5 Dünndruck-Bde.). Großherzog Wilhelm Ernst Ausgabe. Hg. von EDUARD GRISEBACH. Leipzig (Insel-Verlag) 1920

Arthur Schopenhauer. Sämtliche Werke. Hg. von PAUL DEUSSEN. München (Piper) 1911–1942. [Erschienen sind die Bände 1–5, 9–11, 13–16. Neben und nach Deussen zeichnen als Herausgeber: FRANZ MOCKRAUER, ERICH HOCHSTETTER, ROBERT GRUBER, CARL GEBHARDT und ARTHUR HÜBSCHER]

Arthur Schopenhauer. Sämtliche Werke. Nach der ersten, von JULIUS FRAUENSTÄDT besorgten Gesamtausgabe neu bearbeitet und hg. von ARTHUR HÜBSCHER. 7 Bde. 2. Aufl. Wiesbaden (Brockhaus) 1946–1950

Arthur Schopenhauer. Sämtliche Werke (5 Bde.). Textkritisch bearbeitet und hg. von WOLFGANG FRHR. VON LÖHNEYSEN. Stuttgart–Wiesbaden (Cotta/Insel-Verlag) 1965

3. *Verschiedene Publikationen*

Journal einer Reise von Hamburg nach Carlsbad und von dort nach Prag; Rückreise nach Hamburg. Von Arthur Schopenhauer Ao. 1800. Leipzig (F. A. Brockhaus) 1922

Arthur Schopenhauers Reisetagebücher aus den Jahren 1803–1804. Hg. von CHARLOTTE VON GWINNER. Mit einem Faksimile und 21 Bildern nach Stichen der Zeit. Leipzig (F. A. Brockhaus) 1923

HÜBSCHER, ARTHUR: Der junge Schopenhauer. Aphorismen und Tagebuchblätter. München (Piper) 1938

Arthur Schopenhauers handschriftlicher Nachlaß. Aus den auf der Königlichen Bibliothek in Berlin verwahrten Manuskriptbüchern, hg. von EDUARD GRISEBACH. Leipzig (Reclam) 1879

Edita und Inedita Schopenhaueriana. Eine Schopenhauer-Bibliographie, sowie Randschriften und Briefe Arthur Schopenhauers mit Porträt, Wappen und Faksimile der Handschrift des Meisters, hg. von EDUARD GRISEBACH. Leipzig (Brockhaus) 1888

Arthur Schopenhauers Handschriftlicher Nachlaß. Hg. von ARTHUR HÜBSCHER. Frankfurt a. M. (Waldemar Kramer) 1965 lfd. [Erste vollständige historisch-kritische Ausgabe der nachgelassenen Aufzeichnungen]

Schopenhauers Gespräche und Selbstgespräche nach der Handschrift εις ἑαυτον hg. von JOHANN AUGUST BECKER. Berlin (Verlag Ernst Hofmann u. Co.) 1898 – 2. Aufl. hg. von EDUARD GRISEBACH. 1902

HÜBSCHER, ARTHUR: Arthur Schopenhauers Gespräche. Sonderdruck aus dem 20. Jahrbuch der Schopenhauer-Gesellschaft. Heidelberg 1933

GEBHARDT, CARL: Schopenhauer und Brockhaus im Briefwechsel. Leipzig (F. A. Brockhaus) 1926

Arthur Schopenhauer, Briefwechsel und andere Dokumente. Ausgewählt und hg. von MAX BRAHN. Leipzig (Insel-Verlag) 1911

Arthur Schopenhauer, Briefwechsel (3 Bde.). Bd. I: Hg. von CARL GEBHARDT. München (Piper) 1929; Bd. II–III: Hg. von ARTHUR HÜBSCHER. München (Piper) 1933 und 1942

WAGNER, GUSTAV FRIEDRICH: Encyklopädisches Register zu Schopenhauers Werken. Karlsruhe (G. Braunsche Hofbuchdruckerei und Verlag) 1909

Schopenhauer, dargeboten von Thomas Mann. Zürich 1948

Schopenhauer, Arthur: The World as Will and Idea. Übersetzung von R. B. HALDAME und J. KEMP. London 1883–1886

4. *Über Persönlichkeit und Werk*

ASHER, DAVID: Offenes Sendschreiben an den hochgelehrten Herrn Dr. Arthur Schopenhauer. Leipzig 1855

BÄHR, CARL G.: Die Schopenhauersche Philosophie in ihren Grundzügen dargestellt und kritisch beleuchtet. Dresden 1857

BAHR, HANS-DIETER: Das Gefesselte Engagement. Zur Ideologie der kontemplativen Ästhetik Schopenhauers. Bonn 1970 (Abhandlungen zur Philosophie, Psychologie und Pädagogik. 66)

BORCH, RUDOLF: Schopenhauer. Sein Leben in Selbstzeugnissen, Briefen und Berichten. Berlin 1941

BUSCH, HUGO: Das Testament Arthur Schopenhauers. Mit 25 zum Teil bisher unveröffentlichten Abbildungen und einem Faksimile der Handschrift des Testaments. Wiesbaden 1950

CHALLEMEL-LATOUR, PAUL ARMAND: Un Bouddhiste contemporain en Allemagne. Arthur Schopenhauer. In: Revue des deux mondes. 2. pér. A 40 – Paris 1870

DE SANCTIS, FRANCESCO: Schopenhauer e Leopardi. Dialogo. A. e. D. – In: De Sanctis: Opere. Vol. 4. Bari 1852

DEUSSEN, PAUL: Wie ich zu Schopenhauer kam. In: Erstes Jahrbuch der Schopenhauer-Gesellschaft. Kiel 1912

DÖRING, WOLDEMAR OSKAR: Schopenhauer. 4. Aufl. Hamburg 1947

FISCHER, KUNO: Arthur Schopenhauer. Heidelberg 1893 – 2. Aufl. u. d. T.: Schopenhauers Leben, Werke und Lehre. 1898

FRAUENSTÄDT, JULIUS: Stimme über Arthur Schopenhauer. In: Blätter für literarische Unterhaltung, 1849

FRAUENSTÄDT, JULIUS: Briefe über die Schopenhauersche Philosophie. Leipzig 1854

GRISEBACH, EDUARD: Schopenhauer. Berlin 1897

GRISEBACH, EDUARD: Schopenhauer. Neue Beiträge zur Geschichte seines Lebens. Berlin 1905

GRUBER, ROBERT: Schopenhauers Geliebte in Berlin. Wien 1934

GUTZKOW, KARL: Unterhaltungen am häuslichen Herd. Leipzig 1860 und 1862

GWINNER, WILHELM: Arthur Schopenhauer aus persönlichem Umgang dargestellt. Ein Blick auf sein Leben, seinen Charakter und seine Lehre. Leipzig 1862 – 2., stark erw. Aufl. u. d. T.: Schopenhauers Leben. 1878 – 3. Aufl. 1910 – Erste Fassung, kritisch durchgesehen und mit einem Anhang neu hg. von CHARLOTTE VON GWINNER. 1922

GWINNER, WILHELM: Schopenhauer und seine Freunde. Leipzig 1863

HORNSTEIN, FERDINAND VON: Memoiren Robert von Hornsteins. München 1908

Hr.: Dr. Arthur Schopenhauer, ein in England gerühmter deutscher Philosoph der Gegenwart. In: Magazin für die Literatur des Auslandes. Berlin 1854

HÜBSCHER, ARTHUR: Arthur Schopenhauer. Ein Lebensbild. In: Schopenhauers Sämtliche Werke. Bd. I. Leipzig 1937 – Sonderausgabe mit 8 Abbildungen und 2 Handschriftproben. Leipzig 1938

HÜBSCHER, ARTHUR: Arthur Schopenhauer. Biographie eines Weltbildes. Leipzig 1952

JORDAN, WILHELM: Erinnerungen an Schopenhauer. In: Jordan, Episteln und Vorträge. Frankfurt a. M. 1891

LINDNER, ERNST OTTO, und JULIUS FRAUENSTÄDT: Arthur Schopenhauer. Von ihm; über ihn. Ein Wort der Verteidigung (Polemik gegen Gwinner). Berlin 1863

MANN, THOMAS: Schopenhauer. Stockholm 1938

MARTINETTI, PIERO: Schopenhauer (I filosofi. Schopenhauer, a cura di Piero Martinetti). Milano 1941

NIETZSCHE, FRIEDRICH: Unzeitgemäße Betrachtungen, 3: Schopenhauer als Erzieher. Chemnitz 1874

PFEIFFER, KONRAD: Arthur Schopenhauer. Die Persönlichkeit und das Werk

in eigenen Worten des Philosophen dargestellt. Leipzig 1925
RÄTZE, JOHANN GOTTLIEB: Was der Wille des Menschen in moralischen und göttlichen Dingen aus eigener Kraft vermag. Mit Rücksicht auf die Schopenhauersche Schrift: Die Welt als Wille und Vorstellung. Leipzig 1820 [Erste zeitgenössische Gegenschrift]
RÖMER, GEORG: Arthur Schopenhauer im persönlichen Verkehr. Reminiscenzen. In: Didascalia. Blätter für Geist, Gemüt und Publicität. Jg. 41. Frankfurt a. M. 1863
WAGNER, RICHARD: Beethoven. Festschrift zum 100. Geburtstage. Leipzig 1870
WAGNER, RICHARD: Mein Leben. München 1911
WOLFF, H.: Arthur Schopenhauer. Hundert Jahre später. 1960
ZINT, HANS: Schopenhauer als Erlebnis. München–Basel 1954

GEBHARDT, CARL: Das Schopenhauer-Archiv. Heidelberg 1929
Arthur Schopenhauer und sein Werk. Festrede und Vorträge anläßlich der Feier zum 150. Geburtstag des deutschen Denkers in Danzig. Danzig 1938
Gedächtnisschrift für Arthur Schopenhauer zur 150. Wiederkehr seines Geburtstages. Hg. von C. A. EMGE und OTTO VON SCHWEINICHEN. Berlin 1938
Katalog der Ausstellung zum 100. Todestage Arthur Schopenhauers, veranstaltet von der Stadt- und Universitätsbibliothek Frankfurt a. M. 1960
Jahrbuch der Schopenhauer-Gesellschaft. Seit 1912. 4.–33., Kiel, Verlag der Schopenhauer-Gesellschaft, Seit 1920: Heidelberg, Carl Winters Universitätsbuchhandlung. Seit 1948: August Lutzeyer, Frankfurt a. M. Seit 1951/52: Waldemar Kramer, Frankfurt a. M. – Derzeitiger Herausgeber: Dr. ARTHUR HÜBSCHER. Der wissenschaftlichen Leitung der Gesellschaft gehören außer dem Vorsitzenden Dr. Hübscher u. a. an: der Rechtsphilosoph C. A. Emge (München), der französische Germanist André Fauconnet (Épinay), der Indologe Helmuth von Glasenapp (Tübingen), der Philosoph Hermann Glockner (Braunschweig), der Philosoph und Soziologe Max Horkheimer (Frankfurt a. M.) und der Völkerrechtler Giorgio Del Vecchio (Rom). Die Jahrbücher bringen neben dem umfangreichen Aufsatzteil, der sich mit allen aktuellen philosophischen Fragen und ihren Beziehungen zu Schopenhauers Gedankengut auseinandersetzt, regelmäßig Besprechungen der wichtigsten deutschen und ausländischen Neuerscheinungen zum Thema «Schopenhauer» sowie die bibliographische Jahresübersicht.

5. Philosophische Nachklänge des Werkes

BERGSON, HENRI: L'Évolution créatrice. Paris 1907 – Dt.: Schöpferische Entwicklung. Jena 1912
DEUSSEN, PAUL: Die Elemente der Metaphysik. Leipzig 1877
HARTMANN, EDUARD VON: Philosophie des Unbewußten. Versuch einer Weltanschauung. Berlin 1869
NIETZSCHE, FRIEDRICH: Die Geburt der Tragödie. Oder: Griechentum und Pessimismus. Leipzig 1871
SCHELER, MAX: Die Stellung des Menschen im Kosmos. München 1947

NAMENREGISTER

Die kursiv gesetzten Zahlen bezeichnen die Abbildungen

Angelus Silesius (Johannes Scheffler) 80
Arago, François 34
Aristoteles 80
Asher, David 107, 111

Bähr, Carl G. 108
Bähr, Johann Karl 107
Becker, Johann August 107, *107*
Beethoven, Ludwig van 111
Belisar 125
Beneke, Friedrich Eduard 66
Bergson, Henri 130
Berkeley, George 87
Blésimaire, Anthime Grégoire de 118
Blésimaire, Grégoire de 13
Brahms, Johannes 101
Brockhaus, Friedrich Arnold 39, 40, 96, 100, 104, 110, *41*
Büchner, Ludwig 116
Buddha (Siddharta Gautama) 86
Burckhardt, Jacob 131
Bürger, Gottfried August 80
Burns, Robert 80
Byron, George Gordon Lord 63, 64, 80, *63*

Cabanis, Georges 39
Calderón de la Barca, Pedro 80
Cervantes Saavedra, Miguel de 80
Chateaubriand, Vicomte François-René de 39
Claudius, Matthias 19, 120
Crüger, Eduard 115

Descartes, René 120
Deussen, Paul 135, *135*
Doering, Friedrich Wilhelm 20
Dorguth, Friedrich Ludwig Andreas 107, 110
Doß, Adam Ludwig von 107
Dvořák, Antonín 101

Eckhart, Meister 80
Emden, Martin 108, 110

Falk, Johann Daniel 23
Fernow, Karl Ludwig 20, 23, *21*
Fichte, Johann Gottlieb 28, 74, 93, 116, *28*
Foucher de Careil, Comte Louis Alexandre 120
Frauenstädt, Christian Martin Julius 106, 107, 110, *106*
Freud, Sigmund 130
Friedell, Egon (Egon Friedmann) 23, 132
Gall, Franz Joseph 16
Gerstenbergk, Friedrich von 30
Goebel, Angilbert 115
Goethe, Johann Wolfgang von 20, 23, 31, 33 f, 36, 37, 40, 41, 63, 65, 71, 73, 74, 80, 98, 120, 122, 125, *35*
Goethe, Ottilie von 117
Gracián y Morales, Baltasar 74, 75
Grimm, Jacob 115
Gruber, Robert 68
Guiccioli, Gräfin Theresa 63
Gutzkow, Karl 116, 127
Gwinner, Wilhelm 10 f, 29, 39, 40, 63, 70, 73, 74 f, 78, 86, 110, 120, 123, 125, 127, 132, *72*

Hamel, Julius 115
Hartmann, Eduard von 130
Hebbel, Friedrich 114, 127, 131
Hegel, Georg Wilhelm Friedrich 43, 66, 74 f, 76, 93, 116, *66*
Heine, Heinrich 127
Helvétius, Claude-Adrien 39, 73
Horn, Heinz 131
Hornstein, Baron Robert von 63, 114
Hübscher, Arthur 135, *135*
Humboldt, Alexander von 74, 115, *75*
Hume, David 58, 98, *59*

Jagemann, Karoline 25
Jean Paul (Johann Paul Friedrich Richter) 75, *78*
Jenisch, Senator 15
Justinian I. der Große, Byz. Kaiser 125

Kant, Immanuel 28, 34, 39, 40, 45 f, 50, 58, 60, 83, 85, 86 f, 90, 91 f, 108, 120, 134, *44*
Karl August, Herzog von Sachsen-Weimar 25

Kilzer, August Gabriel 127
Knebel, Karl Ludwig von 33
Konfuzius (Kung Tjiu) 85
Kugler, Franz 86

Leibniz, Gottfried Wilhelm Freiherr von 58
Lenz, Christian Ludwig 23
Lessing, Gotthold Ephraim 98
Lichtenberg, Georg Christoph 98
Lichtenstein, Prof. 66
Lindner, Ernst Otto Timotheus 107
Ludwig XV., König von Frankreich 120
Lunteschütz, Jules 115

Majer, Friedrich 31, 37
Malus, Étienne-Louis 34
Marchesi, Pompeo 86
Marquet, Caroline Louise 67, 70
Medon, Caroline (Caroline Richter) 69 f, 74, 76, 127, *71*
Meyer, Heinrich 23
Moleschott, Jacob 116
Mozart, Wolfgang Amadé 111

Newton, Sir Isaac 33 f
Ney, Elisabet 115 f, *115*
Nietzsche, Friedrich 131, 135, *131*

Osann, Friedrich 72

Passow, Franz 23
Perron, Anquetil du 23
Petrarca, Francesco 80
Platon 28, 37, 45, 48 f, 51, 60, 80, *49*

Raumer, Friedrich von 116
Ridinger, Johann Elias 122
Rosenkranz, Karl 86
Rossini, Gioacchino Antonio 111
Rousseau, Jean-Jacques 80

Scheler, Max 130
Schelling, Friedrich Wilhelm Joseph von 43, 66, 93, 116, *66*
Schiller, Friedrich 80
Schlegel, Friedrich 37
Schleiermacher, Friedrich Daniel Ernst 28
Schnepp, Margaretha 122, 127, *123*
Schopenhauer, Adelaide Lavinia (Adele) 13, 18, 20, 30, 36, 41, 62 f, 65, 77, 117, *18*, *79*
Schopenhauer, Andreas 12
Schopenhauer, Anna Renate 12
Schopenhauer, Heinrich Floris 12 f, 16 f, 64, 126, *15*
Schopenhauer, Johann 12
Schopenhauer, Johanna Henriette 12, 15, 16, 18, 20 f, 25, 28, 30, 31 f, 36, 41, 52, 64, 65, 74, 77, 117, 134, *18*, *22*
Schubert, Friedrich Wilhelm 86
Schulze, Gottlob Ernst 28, 37, 45, *25*
Seneca d. J., Lucius Annaeus 80
Shakespeare, William 80, 120
Soermann, Anna Renate s. u. Anna Renate Schopenhauer
Steiner, Rudolf 28
Sterne, Laurence 80
Stiebel, Salomon Friedrich *126*

Tieck, Ludwig 23, 37
Trosiener, Christian Heinrich *11*
Trosiener, Elisabeth *11*
Trosiener, Johanna Henriette s. u. Johanna Henriette Schopenhauer
Tschu-fu-tze 85

Varnhagen von Ense, Karl August 115
Vulpius, Christiane 20

Wackenroder, Wilhelm Heinrich 19
Wagner, Richard 71, 110 f, 127, 131, *111*
Weiß, Flora 76
Werner, Zacharias 23, *23*
Wieland, Christoph Martin 23, 28, 31, *27*
Wiesike, Karl Ferdinand 115
Wolf, Friedrich August 28, 43
Wollett 122

QUELLENNACHWEIS DER ABBILDUNGEN

Historisches Bildarchiv Lolo Handke, Bad Berneck: Umschlagvorderseite, Umschlagrückseite / Staats- und Universitätsbibliothek, Frankfurt am Main, Schopenhauer-Archiv: Frontispiz, 13, 14, 16, 17, 22, 24, 28, 29, 30, 31, 32, 41, 42, 53, 63, 66, 68, 71, 72, 77, 79, 86, 99, 102, 106, 107, 111, 114, 115, 123, 129, 133, 135 oben / Nachlaß Wilhelm v. Gwinner: 11, 15, 19, 26 / Rowohlt Archiv: 18, 44, 108, 131, 136 / Universitäts-Bibliothek, Bonn: 21 / Archiv für Kunst und Geschichte: 23, 38, 121, 127 / Staats- und Universitäts-Bibliothek, Göttingen: 25 / Staatsbibliothek Berlin, Bildarchiv (Handke): 27, 49, 59, 75, 112 / Goethe-Nationalmuseum, Weimar: 35 / Universitäts-Bibliothek, Tübingen, Depot der ehem. Preußischen Staatsbibliothek: 61, 109 / Historia-Photo: 78 / Schopenhauer-Gesellschaft: 81, 82 / Ullstein-Bilderdienst: 95 / Städtische Galerie, Frankfurt a. M.: 113 / Goethe-Schiller-Archiv, Weimar: 117 / Historisches Museum, Frankfurt a. M.: 118/119, 124, 126 / Ursula Seitz-Foto: 135 unten

107/12

ARISTOTELES Texte zur Logik / Griechisch und Deutsch. Elemente der Aristotelischen Logik [220–22] – Über die Seele [226/27]

HELIODOR Aithiopika – Die Abenteuer der schönen Chariklea. Ein griechischer Liebesroman [120/21]

HIPPOKRATES Schriften / Die Anfänge der abendländischen Medizin [108/09]

HOMER Die Odyssee / Übersetzt in deutsche Prosa von Wolfgang Schadewaldt [29/30]

PLATON Sämtliche Werke / Herausgegeben von Walter F. Otto, Ernesto Grassi, Gert Plamböck – Band I: Apologie, Kriton, Protagoras, Ion, Hippias II, Charmides, Laches, Euthyphron, Gorgias, Briefe [1/1a] – Band II: Menon, Hippias I, Euthydemos, Menexenos, Kratylos, Lysis, Symposion [14/14a] – Band III: Phaidon, Politeia [27/27a] – Band IV: Phaidros, Parmenides, Theaitetos, Sophistes [39/39a] – Band V: Politikos, Philebos, Timaios, Kritias [47/47a] – Band VI: Nomoi [54/54a]

XENOPHON Das Gastmahl [7]

Italienische Literatur und Philosophie

BRUNO, GIORDANO Heroische Leidenschaften und individuelles Leben [16]

CASANOVA, GIACOMO Memoiren [59/60, 65/66]

CELLINI, BENVENUTO – sein Leben von ihm selbst geschrieben / Übersetzt und herausgegeben von Goethe [22/23]

GOLDONI, CARLO Herren im Haus / Viel Lärm in Chiozza. Zwei Komödien [132]

Östliche Literatur und Philosophie

WU CH'ENG-EN Der rebellische Affe. Die Reise nach dem Westen [82/83]

Römische Literatur

CAESAR, C. JULIUS Der Gallische Krieg [175/76]

CICERO Der Staat [162]

HORAZ Episteln / Lateinisch und Deutsch [144–46]

MARC AUREL Wege zu sich selbst [181]

SALLUST Die Verschwörung des Catilina / Lateinisch und Deutsch [165]

SENECA – Briefe an Lucilius / Gesamtausgabe I: Rom unter Nero [185/86] – II Stoische Lebenskunst [190/91]

TACITUS – Germania / Lateinisch und Deutsch [217]

Russische Literatur

ANDREJEV, LEONID N. Die sieben Gehenkten / Lazarus / Judas Ischariot [15]

DOSTOJEVSKIJ, F. M. Der ewige Gatte [216]

GORKIJ, MAXIM Volk vor der Revolution / Erzählungen [134]

LESKOV, NIKOLAJ Der verzauberte Pilger [95]

TOLSTOJ, LEO N. Dramen: Macht der Finsternis / Der lebende Leichnam / Und das Licht scheinet in der Finsternis / Er ist an allem schuld / Bäcker Petrus / Der erste Branntweinbrenner [203/04]

Skandinavische Literatur

SKANDINAVISCHE BALLADEN DES MITTELALTERS [143]

Spanische Literatur

GRACIAN, BALTASAR Criticón oder Über die allgemeinen Laster des Menschen [2]

Philosophie des Humanismus und der Renaissance

DER UTOPISCHE STAAT – THOMAS MORUS, Utopia / **TOMMASO CAMPANELLA,** Sonnenstaat / **FRANCIS BACON,** Neu-Atlantis / Herausgegeben von Klaus J. Heinisch [68/69]

Philosophie der Neuzeit

HOBBES, THOMAS Leviathan oder Wesen, Form und Gewalt des kirchlichen und bürgerlichen Staates [187–89]

KIERKEGAARD, SÖREN Werke / In neuer Übertragung von Liselotte Richter – Band I: Der Begriff Angst [71] – Band II: Die Wiederholung / Die Krise und eine Krise im Leben einer Schauspielerin / Mit Erinnerungen an Kierkegaard von Hans Bröchner [81] – Band III: Furcht und Zittern / Mit Erinnerungen an Kierkegaard von Hans Bröchner [89]

LOCKE, JOHN Über die Regierung [201–02]

MARX, KARL Texte zu Methode und Praxis I: Jugendschriften 1835–1841 [194/95] – II: Pariser Manuskripte 1844 [209/10] – III: Der Mensch in Arbeit und Kooperation. Aus den Grundrissen der Kritik der politischen Ökonomie 1857/58 [218–19]

VICO, GIAMBATTISTA Die neue Wissenschaft über die gemeinschaftliche Natur der Völker [196/97]

Texte des Sozialismus und Anarchismus

Herausgegeben von Günter Hillmann

BAKUNIN, MICHAIL – Gott und der Staat und andere Schriften. Hg.: Susanne Hillmann [240-42]

BERNSTEIN, EDUARD – Die Voraussetzungen des Sozialismus und die Aufgaben der Sozialdemokratie. Hg.: Günter Hillmann [252-54]

BUCHARIN, NIKOLAJ IWANOWITSCH – Ökonomik der Transformationsperiode. Hg.: Günter Hillmann [261-63]

Die Frühsozialisten 1789–1848 I. Hg.: Michael Vester [264-66]

● **Die Frühsozialisten 1789-1848 II:** Hg.: Michael Vester [280-82]

● **Gruppe Internationale Kommunisten Hollands.** Grundprinzipien kommunistischer Produktion und Verteilung. Intelligenz im Klassenkampf und andere Schriften. Hg.: Gottfried Mergner [285]

LENIN, WLADIMIR, ILJITSCH – Für und wider die Bürokratie. Schriften und Briefe 1917-1923. Hg.: Günter Hillmann [246-48]

LUXEMBURG, ROSA – Schriften zur Theorie der Spontaneität. Hg.: Susanne Hillmann [249-51]

PROUDHON, PIERRE-JOSEPH – Bekenntnisse eines Revolutionärs, um zur Geschichtsschreibung der Februarrevolution beizutragen. Hg. Günter Hillmann [243-45]

● **Die Rätebewegung I.** Hg.: Günter Hillmann [277-79]

● **RUHLE, OTTO** – Schriften. Perspektiven einer Revolution in hochindustrialisierten Ländern. Hg.: Gottfried Mergner [255-57]

STALIN, JOSEF W. – Schriften zur Ideologie der Bürokratisierung. Hg.: Günter Hillmann [258-60]

TROTZKI, LEO – Schriften zur revolutionären Organisation. Hg.: Hartmut Mehringer [270-73]

– ● **Stalin.** Hg.: Hartmut Mehringer. Band I [283]; Band II [284]

● **WEITLING, WILHELM** – Das Evangelium des armen Sünders / Die Menschheit, wie sie ist und wie sie sein sollte. Hg.: Wolf Schäfer [274-76]

● Neuerscheinungen

Texte deutscher Literatur 1500–1800

Herausgegeben von Karl Otto Conrady

ATHENAEUM Eine Zeitschrift I [1798-1800] von August Wilhelm Schlegel und Friedrich Schlegel. Hg.: Curt Grützmacher [518/19]

ATHENAEUM Eine Zeitschrift II [1798–1800] von August Wilhelm Schlegel und Friedrich Schlegel. Hg.: Curt Grützmacher [520/21]

DEUTSCHE VOLKSBUCHER. Hg.: K. O. Conrady [510/11]

FLUGSCHRIFTEN DES BAUERNKRIEGES. Hg.: Klaus Kaczerowsky [526/27]

● **GOTTSCHED, JOHANN CHRISTOPH** Schriften zu Theorie und Praxis aufklärender Literatur. Hg.: Uwe-K. Ketelsen [532–34]

HERDER, JOHANN GOTTFRIED Schriften. Hg.: Karl Otto Conrady [502/03]

JUNG-STILLING Lebensgeschichte. Hg.: Karl Otto Conrady [516/17]

● Neuerscheinungen

KLOPSTOCK, FRIEDRICH GOTTLIEB Messias, Gedichte, Abhandlungen. Hg.: Uwe Ketelsen [512/13]

KOMÖDIEN DES BAROCK. Hg.: Uwe-K. Ketelsen [524/25]

LENZ, JAKOB MICHAEL REINHOLD Werke und Schriften. Hg.: Richard Daunicht [528/29]

LOHENSTEIN, DANIEL CASPER VON Cleopatra, Sophonisbe. Hg.: Wilhelm Voßkamp [514/15]

SCHÄFERROMANE DES BAROCK. Hg.: Klaus Kaczerowsky [530/31]

SCHNABEL, JOHANN GOTTFRIED Insel Felsenburg. Hg.: Wilhelm Voßkamp [522/23]

WACKENRODER, WILHELM HEINRICH Sämtliche Schriften. Hg.: Karl Otto Conrady [506/07]

● **WIELAND, CHRISTOPH MARTIN** Aufsätze zu Literatur und Politik. Hg.: Dieter Lohmeier [535–37]

rowohlts monographien

GROSSE PERSÖNLICHKEITEN
DARGESTELLT IN SELBSTZEUGNISSEN UND BILDDOKUMENTEN
HERAUSGEGEBEN VON KURT KUSENBERG

LITERATUR

ANDERSEN / Erling Nielsen [5]

APOLLINAIRE / Pascal Pia [54]

BAUDELAIRE / Pascal Pia [7]

BECKETT / Klaus Birkenhauer [176]

BENN / Walter Lennig [71]

BERNANOS / Albert Béguin [10]

WOLFGANG BORCHERT / Peter Rühmkorf [58]

BRECHT / Marianne Kesting [37]

BÜCHNER / Ernst Johann [18]

WILHELM BUSCH / Joseph Kraus [163]

CAMUS / Morvan Lebesque [50]

CLAUDEL / Paul-André Lesort [95]

COLETTE / Germaine Beaumont und André Parinaud [11]

DANTE / Kurt Leonhard [167]

DOSTOJEVSKIJ / Janko Lavrin [88]

DROSTE-HÜLSHOFF / Peter Berglar [130]

EICHENDORFF / Paul Stöcklein [84]

THOMAS STEARNS ELIOT / Johannes Kleinstück [119]

FONTANE / Helmuth Nürnberger [145]

GIDE / Claude Martin [89]

GOETHE / Peter Boerner [100]

HAUPTMANN / Kurt Lothar Tank [27]

HEBBEL / Hayo Matthiesen [160]

HEINE / Ludwig Marcuse [41]

HEMINGWAY / G.-A. Astre [73]

HERMANN HESSE / Bernhard Zeller [85]

HÖLDERLIN / Ulrich Häussermann [53]

E. T. A. HOFFMANN / Gabrielle Wittkop-Ménardeau [113]

HOFMANNSTHAL / Werner Volke [127]

JOYCE / Jean Paris [40]

ERICH KÄSTNER / Luiselotte Enderle [120]

KAFKA / Klaus Wagenbach [91]

KELLER / Bernd Breitenbruch [136]

KLEIST / Curt Hohoff [1]

LESSING / Wolfgang Drews [75]

MAJAKOWSKI / Hugo Huppert [102]

HEINRICH MANN / Klaus Schröter [125]

THOMAS MANN / Klaus Schröter [93]

HENRY MILLER / Walter Schmiele [61]

CHRISTIAN MORGENSTERN / Martin Beheim-Schwarzbach [97]

MÖRIKE / Hans Egon Holthusen [175]

ROBERT MUSIL / Wilfried Berghahn [81]

NESTROY / Otto Basil [132]

NOVALIS / Gerhard Schulz [154]

POE / Walter Lennig [32]

PROUST / Claude Mauriac [15]

RAABE / Hans Oppermann [165]

RILKE / Hans Egon Holthusen [22]

ERNST ROWOHLT / Paul Mayer [139]

SAINT-EXUPÉRY / Luc Estang [4]

SARTRE / Walter Biemel [87]

SCHILLER / Friedrich Burschell [14]

FRIEDRICH SCHLEGEL / Ernst Behler [123]

SHAKESPEARE / Jean Paris [2]

G. B. SHAW / Hermann Stresau [59]

STIFTER / Urban Roedl [86]

DYLAN THOMAS / Bill Read [143]

TRAKL / Otto Basil [106]

TUCHOLSKY / Klaus-Peter Schulz]31]

KARL VALENTIN / Michael Schulte [144]

OSCAR WILDE / Peter Funke [148]

PHILOSOPHIE

ARISTOTELES / J.-M. Zemb [63]
ENGELS / Helmut Hirsch [142]
GANDHI / Heimo Rau [172]
HEGEL / Franz Wiedmann [110]
HERDER / Friedrich Wilhelm Kantzenbach [164]
JASPERS / Hans Saner [169]
KANT / Uwe Schultz [101]
KIERKEGAARD / Peter P. Rohde [28]
MARX / Werner Blumenberg [76]
MONTAIGNE / Francis Jeanson [21]
NIETZSCHE / Ivo Frenzel [115]
PASCAL / Albert Béguin [26]
PLATON / Gottfried Martin [150]
SCHLEIERMACHER / Friedrich Wilhelm Kantzenbach [126]
SCHOPENHAUER / Walter Abendroth [133]
SOKRATES / Gottfried Martin [128]
SPINOZA / Theun de Vries [171]
RUDOLF STEINER / Johannes Hemleben [79]
VOLTAIRE / Georg Holmsten [173]
SIMONE WEIL / Angelica Krogmann [166]

RELIGION

AUGUSTINUS / Henri Marrou [8]
SRI AUROBINDO / Otto Wolff [121]
KARL BARTH / Karl Kupisch [174]
MARTIN BUBER / Gerhard Wehr [147]
BUDDHA / Maurice Percheron [12]
FRANZ VON ASSISI / Ivan Gobry [16]
JESUS / David Flusser [140]
LUTHER / Hanns Lilje [98]
PAULUS / Claude Tresmontant [23]
TEILHARD DE CHARDIN / Johannes Hemleben [116]

GESCHICHTE

BISMARCK / Wilhelm Mommsen [122]
CAESAR / Hans Oppermann [135]
CHURCHILL / Sebastian Haffner [129]
FRIEDRICH II. / Georg Holmsten [159]
GUTENBERG / Helmut Presser [134]
WILHELM VON HUMBOLDT / Peter Berglar [161]
LENIN / Hermann Weber [168]
ROSA LUXEMBURG / Helmut Hirsch [158]
MAO TSE-TUNG / Tilemann Grimm [141]
NAPOLEON / André Maurois [112]
LEO TROTZKI / Harry Wilde [157]

PÄDAGOGIK

PESTALOZZI / Max Liedtke [138]

NATURWISSENSCHAFT

DARWIN / Johannes Hemleben [137]
GALILEI / Johannes Hemleben [156]
ALEXANDER VON HUMBOLDT / Adolf Meyer-Abich [13[illegible]]

MEDIZIN

FREUD / Oscar Mannoni [178]
C. G. JUNG / Gerhard Wehr [152]
PARACELSUS / Ernst Kaiser [149]

KUNST

DÜRER / Franz Winzinger [177]
MAX ERNST / Lothar Fischer [151]
KLEE / Carola Giedion-Welcker [52]
LEONARDO DA VINCI / Kenneth Clark [153]

MUSIK

BACH / Luc-André Marcel [83]
BEETHOVEN / F. Zobeley [103]
CHOPIN / Camille Bourniquel [25]
HÄNDEL / Richard Friedenthal [36]
HAYDN / Pierre Barbaud [49]
MOZART / Aloys Greither [77]
OFFENBACH / Walter Jacob [155]
SCHUBERT / Marcel Schneider [19]
SCHUMANN / André Boucourechliev [6]
RICHARD STRAUSS / Walter Deppisch [146]
TELEMANN / Karl Grebe [170]
VERDI / Hans Kühner [64]
WAGNER / Hans Mayer [29]

Zu beziehen durch Ihre Buchhandlung.
Ein ausführliches Verzeichnis aller lieferbaren Taschenbücher fordern Sie bitte vom Rowohlt Taschenbuch Verlag, 2057 Reinbek bei Hamburg.

rororo wissen

Geschichte der Philosophie

Mit Quellentexten

I: Karl Vorländer, Philosophie des Altertums
Bearbeitet von Erwin Metzke. Mit Quellentexten ausgewählt von Ernesto Grassi und Eckhard Kessler [183/184]

II: Karl Vorländer, Philosophie des Mittelalters
Bearbeitet von Erwin Metzke. Mit einem Schlußkapitel von Ernst Hoffmann und Quellentexten ausgewählt von Ernesto Grassi und Eckhard Kessler [193/194]

III: Karl Vorländer, Philosophie der Renaissance
Beginn der Naturwissenschaft
Bearbeitet von Hinrich Knittermeyer. Mit Quellentexten und bibliographischen Ergänzungen versehen von Eckhard Kessler [242/243]

IV: Karl Vorländer, Philosophie der Neuzeit
Descartes / Hobbes / Spinoza / Leibniz
Bearbeitet von Hinrich Knittermeyer. Mit Quellentexten und bibliographischen Ergänzungen versehen von Eckhard Kessler [261/262]

V: Karl Vorländer, Philosophie der Neuzeit
Die Aufklärung
Bearbeitet von Hinrich Knittermeyer. Mit Quellentexten und bibliographischen Ergänzungen versehen von Eckhard Kessler [281/282]

VI: Johann Eduard Erdmann, Philosophie der Neuzeit
Der deutsche Idealismus
Mit einem Anhang: Quellentexte und Bibliographie von Barbara Gerl [364]

VII: Johann Eduard Erdmann, Philosophie der Neuzeit
Der deutsche Idealismus
Mit einem Anhang: Quellentexte und Bibliographie von Barbara Gerl [365]

236/6